駅名学入門

今尾恵介
地図研究家

682
中公新書ラクレ

まえがき——高輪ゲートウェイ、どうでしょう

ああ、またかと思った。「高輪ゲートウェイ」という新駅名を報道で知っての第一印象である。たぶん高輪ナントカに決まるだろう、しかもそのナントカはカタカナに違いない、という悪い予想は当たった。

今から半世紀近くも前の話だが、小学校の五、六年生だった時に、鉄道が好きだった私は京浜急行の駅名を暗記した。自宅があって頻繁に利用する相模鉄道は自然に覚えていたので、意識的に覚えた最初が京急だったのである。とにかく品川から各駅を順番にズラズラと唱える「遊び」で、品川、北品川、北馬場《ばんば》、南馬場、青物横丁、鮫洲《さめず》、立会川《たちあいがわ》……と当時の終点だった三浦海岸まで早口言葉のような按配だ。青物横丁、梅屋敷、雑色《ぞうしき》、追浜《おっぱま》などなど引っかかりのある駅名が満載で、今思えば沿線の「地名のごった煮感」を子供心に味わっていたように思う。

蛇足ながら実は本線の当時の起点は泉岳寺《せんがくじ》で、終点も浦賀なのだが、そんなことは知らなかった。ちなみに北馬場と南馬場はその後統合されて新馬場となったが、リズムが崩れるので今も暗誦するなら昔の駅のままで、能見台《のうけんだい》も旧名の「谷津坂《やつざか》」である（ローカルな話ですみません）。

京急の次は東海道本線。そして山陽本線、東北本線と手当たり次第に覚えたのだが、不思議というべきか、当然ながら小学生の頃に覚えたものは今も無意識にスラスラと出てくるのに対して、高校生の時に覚えた伯備《はくび》線とか高山本線は今ひとつ覚束ない。掛け算の九九を小学生に叩き込む重要性は、この一事だけでもわかる。

それはともかく、子供の頃から駅名に親しみ、駅名から漢字を教えてもらった。なんでこんな読み方をするのか理解に苦しむ駅名も多く、それが地名への興味につながって、結果的に今のような仕事に至っている。講演する際の滑舌の訓練にも駅名暗誦が少しは役立っているかもしれない。

北海道の根室本線など、駅名を口に出していて快感を覚えたものである。上野からずっと唱え続けて青森から青函《せいかん》連絡船に乗っているつもりになり、函館に上陸すればまず息継ぎで少し「停車」して函館本線を北上する。最初から五稜郭《ごりょうかく》、桔梗《ききょう》なんて地方色豊かな駅名が並ぶのでワクワクした。札幌を過ぎて滝川《たきかわ》からこの線に入るのだが（当時は石勝《せきしょう》線も開通していなかった）、帯広も釧路も過ぎていよいよ終盤に差しかかった厚床《あっとこ》、初田牛《はったうし》、別当賀《べっとが》、落石《おちいし》、昆布盛《こんぶもり》、西和田、花咲《はなさき》、東根室、根室まで。特にアイヌ語由来らしい駅名をひとつひとつ発音しながら、どんな由来があるのか漠然と思いを巡らしたものである（この中に最近になって廃止された駅が二つもある）。

子供の頃に利用した最寄り駅は相模鉄道の希望ヶ丘駅であった。テレビアニメの「魔法使いサリー」の舞台になったのと同じ希望ヶ丘小学校に通い、三年生の時にさちが丘分校（後のさちが丘小学校）ができたのでそちらへ転校している。いずれも地元の町名なのだが、いかにも高度成長期に新しく開発された住宅地の地名の典型だ。希望ヶ丘（希望が丘）という地名が全国に三十か所近く（通称なども含む）あることを知ったのはずっと後のことである。

中学生からは地形図にのめり込み、珍しい地名、印象深い地名があると大学ノートに書き留める地名マニアだったので、歴史的地名が好きな反面、新奇な「作り物」の地名や駅名を嫌う高校生に育った。ちょうどその頃に開通したのが相鉄いずみ野線で、新駅が発表になって衝撃を受ける。特に緑園都市と弥生台《やよいだい》の二駅は地元の地名とは何ら関係がなく（弥生台は弥生式土器が出たことに由来）、いずみ野も古くからの和泉村を継承した和泉町をわざわざひらがな書きして「野」をくっつけたイマ風であった。

この駅名を批判する文章を高校の文芸同好会に出したのが、地名・駅名についての初投稿である。地元の歴史的地名を使わずになぜ「作り物」にするのか、という主張であったが、それから四十四年経った今も同じようなことを本に書いているのはなかなか感慨深い。

音楽出版社で演奏家のインタビューから広告版下作り、通販部門の仕事などいろいろやった約十年を経てこの仕事を始めたが、自著では鉄道関係の本や雑誌の記事などもいろいろと書くようになった。中でも最初に駅名に集中的に取り組んだのは、平成十六年（二〇〇四）に上梓した『消えた駅名』（東京堂出版）である。社史を広範に取り揃えている神奈川県立川崎図書館に通い、各鉄道の年表などを黙々と書き写す作業が続いたが、これで駅の命名がどのようになされ、どんな事情で変わるのか認識を新たにしたものである。戦時中に「防諜のための改称」が行われたのもそこで初めて知った。

その後は監修を担当した新潮社の『日本鉄道旅行地図帳』（平成二十年〜）である。戦前からの鉄道関係の手持ちの地形図類を元に地図原稿を作製し、駅名の変遷について多方面の資料に当たって調べて表にした。これを地方ごとに毎月刊行したのはかなり大変な仕事だったが、明治以来駅の名前がどのように命名され、それが時代を経てどんな事情で変更されるのかを知る勉強になった。そこで大きく助けられたのがＪＴＢ（現ＪＴＢパブリッシング）の『停車場変遷大事典　国鉄・ＪＲ編』（平成十年、石野哲編集長）である。残念ながら私鉄編は出なかったのでそちらについては私たちが独自に調べなければならなかったが、いくら調べても十分と言えず「泥沼」にはまった。それを助けてくれたのが駅の変遷を長らく独自研究していた星野真太郎さんである。本当に感謝している。

『日本鉄道旅行地図帳』で扱った駅は、廃止された路面電車の停留場を含めればざっと三万ほどにものぼるだろうか。それぞれの駅の設置と名称変更（読みだけの変更、漢字だけの変更も含まれる）などを記載した、まだ不完全ながらも締切に追われて「完成」させた表を眺めるにつけ、地元の地名を採用する駅だけでなく、神社仏閣や工場、学校などさまざまな施設等の名称を採用するものもあり、またそれが時代により変化していくことがわかった。

採用される「地元の地名」にしても、合併による自治体名の変更から、市町村の中の大字《おおあざ》・町名の変更、それらのエリア変更などが駅名に影響することも少なくない。ここで断っておかなければならないのは、駅名を読み解くには行政区分とその変化の歴史について理解しなければならないことだ。過去にいくつも出た『駅名事典』の類の「駅名の由来」の誤りは多いが、その多くが駅名そのものに「地名学的なアプローチ」で取り組んでしまったものである。

たとえば京王線の南平《みなみだいら》駅（東京都日野市）の由来について「南にある平らな土地」といった表面的な解釈で済ませた記述を以前に見たことがあるが、南平という地名は南多摩郡内に二か所あった平村（江戸時代からの村名）を明治十一年（一八七八）の郡区町村編制法の施行で北平村と南平村として区別したものだ。それが明治二十二年（一八八九）の町村制施行で七生《ななお》村大字南平になった状態で駅は設置されている。いずれにせよ、駅名を解釈するには設置当時の「地名状況」を調べなければならない。

本文でも言及したが、駅名に由来する町名が後から発生することも決して少数ではないか ら、たとえば西武新宿線の花小金井《はなこがねい》駅は「地元の地名が花小金井だったから」ではない。「小金井のお花見に行くならこちらが便利です」という意図を込めたこの創作駅名がまず誕生し、命名から三十五年も経って駅名に合わせて町名ができたという順番なのである。

駅名にまつわる話は駅の数だけあるはずだ。鉄道会社や地元の思いがたっぷり入った駅名もあれば、妥協の産物のようなものもあるだろう。そういえば上越新幹線の燕三条《つばめさんじょう》という駅は新潟県燕市と三条市の境界あたりに設けられたが、三条と燕のどちらを先にするかでまとまらなかったのを、かの田中角栄さんが鶴の一声で駅名を「燕三条」とし、その代わりに北陸自動車道のインターは逆順の「三条燕」にして妥結させた、という話も聞く。

東急田園都市線の新しい駅名として、五島昇社長がじきじきに「たまプラーザ」と命名したというエピソードを聞けば、新しい街を開くにあたっていかに駅名が重要であるかを知らされるが、その背後で採用されなかった歴史的地名のことを考えると思いは複雑だ。

ずいぶん長く書いてしまったが、最初にこんなことをあれこれ並べるより本文を読んでいただくのが先である。明治五年（一八七二）にたった二駅（仮開業時）で始まった日本の駅は一万ほどに増えたが、その名前をめぐるあれこれを、時代背景などを思い描きながら楽しんでいただければ幸いである。

目次

図表作成・本文DTP／市川真樹子

駅名学入門

第一章　駅とは何か

日本人は世界的にみても鉄道を実によく使う。もちろん地方在住であれば自動車の方がはるかに便利なので、電車なんかほとんど乗らないという人が多いのも確かだが、平均値として利用率では世界のトップクラスである（一人あたり年間鉄道利用距離ではスイスに次いで第二位）。その鉄道を利用するために赴くのが、列車が停まる場所——駅だ。鉄道を利用しようとする人は自宅や会社、学校から歩いて、またはバスを利用してここに乗り付ける。

さて、駅という字（旧字の驛）は「継ぎ馬」を意味している。これは古代から近世まで続いた交通システムで、街道の各所に置かれた厩《うまや》のある施設だ。公用の役人はここで馬を乗り継ぎながら遠距離を旅行する。当然ながら宿や食事を提供する役目もあり、これが近世には宿場と呼ばれるようになった。驛のツクリの睪は「次々にたぐり寄せる」という意味で、これが糸偏の繹になると「糸を引き出す」で演繹などの語に用いられるし、水が次から次へ絶え間なく流れるのが沢（澤）である。

明治に入ってしばらくの間は宿場のことを駅と呼んだ。たとえば甲州道中（甲州街道）の宿場町であった神奈川県の府中（現東京都府中市）は、町村制が明治二十二年（一八八九）に実施された際に、町でも村でもない「府中駅」でスタートしたし、神奈川県の与瀬（現相模原市緑区相模湖町）も当初は「与瀬駅」であった。ただし同じ甲州道中でも現在の日野市は日野宿と称したし、中山道筋なら浦和町、大宮町、上尾町はすべて「駅」ではなく「町」で、必ずしも統一はとれていない。東海道でも関所のあった神奈川県の箱根は「箱根駅」でスタートした（明治二十五年に箱根町）一方で、その隣は「小田原町」であった。

その他の分野としては、明治十三年（一八八〇）に測量が始められた日本最初の地形図として知られる「二万分一迅速測図」の図名も、まだ鉄道が通じていない頃から市川駅、松戸駅、布田《ふだ》駅（現調布市）、板橋駅など「駅」の語を図名にしているから、まだ明治十年代までは一般に「駅」といえば宿場を意味していたのは間違いない。

宿駅制度は明治五年（一八七二）に公式には廃止されたのだが、鉄道のない地域では引き続き歩くしかないので、旅籠など従前の設備はしばらく存続した。地域差はあれ、新しい交通システムが普及するまでには時間がかかり、鉄道の列車が「次々と来ては停まる場所」としての用語に駅が認知されるまでには、本来の宿駅の制度が失われてからしばらく待たねばならなかったのである。本来なら馬偏ではなく「車偏」にでもすべきだったかもしれないが、いずれにせよ宿駅の連なった街道におおむね沿って敷設された「次世代型運輸システム」のアクセスポイントに駅の字を借りたのは、実にうまい応用だった。

やがて時代は移り、駅が宿場ではなく完全に鉄道施設として認知されていく。それからしばらく経ってから、一般道路のサービスエリアに相当する施設に旧運輸省（現国土交通省）が「道の駅」と名づけたのは興味深い。本来は道の施設であったはずの駅が「逆輸入」されたのだから。

停車場はいつ「駅」になったか

それでは、駅はいつ頃から列車の停まる場所として市民権を得たのだろうか。駅を詠んだ歌として有名なものをひとつ挙げるとすれば、石川啄木の「ふるさとの訛《なまり》なつかし　停車場の人ごみの中に　そを聴きにゆく」（『一握の砂』明治四十三年）だろうか。読み方は「ていしゃば」とされているが、法規用語として現役で用いられている停車場の読みは「ていしゃじょう」である。鉄道業界での正式用語としては今もこの用語は現役だが、一般にはすでに使われなくなって久しい。「渋谷停車場のハチ公口に十二時ね！」などと約束したら後じさりされてしまいそうだ。

手元にある文庫本で文学作品の表記を確かめてみると、明治三十九年（一九〇六）に発表された夏目漱石の『坊っちゃん』では、主人公の坊っちゃんが新橋駅で女中の清さんに見送られる場面でも「車を並べて停車場へ着いて、プラットフォームの上へ出た時」とあるし、四国の「大森ぐらいな漁村」に着いて例のミニサイズの列車（後世に「坊っちゃん列車」と呼ばれる）に乗る際にも「停車場はすぐ知れた。切符も訳なく買った」と停車場である。これに対して、昭和十年（一九三五）に書き始められた川端康成の『雪国』では、有名な冒頭から四行後（新潮文庫版）で「駅長さあん」の台詞があって、その後もふつうに駅の語が用いられている。

両者の間あたりの作品はないかと探して手近に見つけたのは田山花袋の『温泉めぐり』だ。第一次世界大戦が終わった大正七年（一九一八）に上梓されたもので、改めて駅を探してみると「越後の諸温泉」を取り上げたところで「〔信越本線〕来迎寺《らいこうじ》駅附近には、この他に、橡尾又《とちおまた》温泉がある」と駅が使われている。同じ新潟県の瀬波《せなみ》温泉でも「〔羽越本線〕水原《すいばら》駅を過ぎて、天王新田《てんのうしんでん》駅〔現月岡《つきおか》駅〕に至ると」とあるので駅で統一されているかと思いきや、同じ越後なのに妙高山を思い出すくだりで、「田口の停車場〔現妙高高原駅〕」とあるし、信州諏訪《すわ》の温泉では冒頭から「停車場で下りた」としている。駅の規模や執筆時期とは関係なさそうだから、気分によって書き分けたのだろうか。

永井荷風の日記を収めた『断腸亭日乗《だんちょうていにちじょう》』（摘録・岩波文庫版）の大正十二年（一九二三）の六月八日の条は関東大震災まで三か月を切った時期で、まだ郡部だった今の江戸川区あたりを歩いた話では「船堀橋《ふなぼりばし》を渡り小松川城東鉄道停車場に至る時雨に逢ふ」などと記されている。これは城東電気軌道の小松川停留場で、戦後に都電となった路線なので現存しない。この区間は専用軌道なので「鉄道の停車場」に見えたのかもしれない。

さらに大正十五年（一九二六）七月十二日に上野へ行ったくだりで、「烏森《からすもり》〔現新橋駅〕より高架線にて上野に往く。秋葉ケ原に停車場あり。これをアキハバラ駅と呼ぶ。鉄道省の役人には田舎漢多しと見えたり。高田の馬場もタカダと濁りて訓む」とあって、こちらは停車場と駅が同じものを指しているので貴重な事例だ。上野〜東京間の高架電車線が前年十一月一日に開通、山手線が環状運転を始めてまだ一年経っていない頃である。

鉄道省役人の名誉のために申し上げると、秋葉原はもともと江戸の火除地《ひよけち》に「火伏せの神」で知られる遠州秋葉山から勧請した社のある広場であることから命名された通称地名で（そんなことは荷風もご存じだろうが）、秋葉山が正式には「アキハ」なので、鉄道当局として江戸の庶民に広まっていたアキバガハラとかアキバッパラなど何通りかの呼び名を排して訓を決めたのではないだろうか。これが江戸っ子の荷風には「田舎漢」の所業と映ったのかもしれない。鉄道史をかじった私の印象では、鉄道省の役人は生真面目かつ学術的である。東北本線の尾久駅も荒川区の地名が「おぐ」なのに駅名だけ「おく」なのは気になるが、これも適否は別として古典などを厳密に調べた上でのことかもしれない。

余談はともかく、「アキハバラ駅と呼ぶ」のを批判している文脈で荷風は自分の文章としては停車場の語を使っていることから、駅などとはあんまり呼んでほしくない気分がそこはかとなく伝わってくる。実際に荷風は昭和七年（一九三二）一月十八日の条でも、「東武電車にて請地《うけち》曳舟《ひきふね》玉ノ井などいふ停車場を過ぎ堀切に下車す」（請地は廃止、玉ノ井は現東向島《ひがしむこうじま》駅）としており、あくまで停車場の呼び方を変えていないし、川端康成が『雪国』を書き始めた翌年にあたる昭和十一年（一九三六）九月二十二日でも「京成電車もと玉の井停車場はいつの頃よりか電車の運転を中止し既に線路と共に待合所の建物をも取払ひたれば、線路敷地の土手に芒《すすき》生茂り」と今はなき京成白鬚《しらひげ》線の廃線跡を描写しており、ここも停車場だ。駅というのが元来宿場の意であることをわきまえた、「気難しい知識人」だからこその対応かもしれない。

停車場から駅への呼称の変化について有力なヒントとなるのが路面電車の停留場名である。

たとえば「〇〇停車場前」が「〇〇駅前」になるタイミングだ。東京市電が品川、上野、目黒、渋谷などの各停車場前を駅前に改めたのは大正七年（一九一八）である。田山花袋の『温泉めぐり』の発売と同じ年だが、大阪市電の方は大正十五年（一九二六）と遅く、函館水電（現函館市電）に至っては昭和八年（一九三三）～九年の間で、全国的に見ればかなりのバラつきがあるようだ。いずれにせよ大正期から昭和ひと桁までに徐々に「駅」の呼び名は一般に定着したと見ていいのではないだろうか。

鉄道と軌道の違い

細かいことを言えば、停車場は駅や信号場（列車交換等のために停車するもので、原則として旅客は扱わない）、操車場などの総称で、場合によっては列車の行き違いのできないもの、構内に転轍機（ポイント）を持たないものを停留場と呼ぶこともある。ただしこれは鉄道業界内の呼び名だ。

一般には「電車」が走るのはすべて鉄道と思われているが、法的には鉄道と軌道の二種類が存在する。そもそも鉄道は明治五年（一八七二）に新橋～横浜間に走り始めて以来、蒸気機関車の牽引する列車が走るもので、これに対して軌道は二本のレールの上を走るのは共通しているが、当初は馬車鉄道、後に路面電車に適用されることになった概念だ。当初は軌道の車両は道路上を走り、制限速度は時速八マイル（約一三キロメートル）という遅々たる歩み（後に二五マイル＝約四〇キロメートルに改正）で、あくまで都市内の近距離交通を担い、あるいは停車場から近場の町や温泉、寺社などを結ぶ、鉄道を補完する存在であった。

ややこしいのは、その軌道が場合によっては専用軌道を走ることが許されていたことだ。軌道の黎明期にあっては、それまで徒歩や馬の走行しか想定していない道路はおおむね狭く、特に両側に家が建て込んでいる市街地では車両と建物の間に十分な距離を保てない。そこですべての家を移築するのも費用がかさむし、近代交通機関たる路面電車の普及にあたって軌道会社にその費用を負担させるのは障壁となりかねないため、そんな場合は家並みの裏側を専用軌道で通過することを許可したのである。

ところが電車の利便性が知れ渡り、新しいビジネスとしての将来性が高まってくると、今度は高速電車を都市間に走らせようとする業者が現われた。その先駆者が阪神電気鉄道である。アメリカで隆盛を極めていたインターアーバン（都市間電車）を大阪から神戸の間に導入しようとするものであった。

申請されたルートで実際に路面を走る区間はごく一部で、それまで低速の路面電車しかなかった国内の既存電気鉄道と比べればまったく別物と言っていい。ふつうなら許可されないところであるが、許認可権をもつ逓信省《ていしんしょう》の次官であった古市公威《ふるいちこうい》は「線路のどこかが道路上にあればよい」と軌道条例を柔軟に解釈してこれを認めた。電気鉄道の将来性を見越しての判断であるが、車両の技術革新もあってその後は「高速の電気軌道」が急速に増えていったのである。

具体的に大手私鉄を分類すれば、軌道の出身は関東では京浜、京王、京成、関西では阪神、阪急（京都線系統を除く）、京阪、近鉄（大阪・奈良線系統）など、鉄道出身は関東では東武、西武、東急（旧玉川線・現世田谷《せたがや》線を除く）、関西では南海、近鉄（南大阪線系統）などである。線路の幅は鉄道が行政指導により国鉄と同じに統一されたのに対して、軌道の方は多くがそれより広いのが特徴だ。

さて、一方でもっぱら蒸気機関車を運転していた鉄道の方にも高速性と利便性を兼ね備えた電車の導入が大正期に入ってから本格化した。これにより鉄道と軌道の差はさらにあいまいになっていくのだが、同じように電車が高速で走る線路であっても、歴史的経緯などから鉄道と軌道の区別はあいまいなまま続き、たとえば国鉄に匹敵する高速運転をする阪急などは昭和五十三年（一九七八）にようやく軌道から鉄道に変更されたし、大阪メトロ（旧大阪市営地下鉄）が今でも「軌道」のままなのに対して、東京メトロは最古の路線である銀座線が開業した時から「鉄道」という具合に統一されていない。

同じような電車が停まる所でも、鉄道の停車場（駅）に対して軌道は停留場（一般には停留所の方が通用）と呼び名は異なるが、そんなことは利用者にとっては関係ないので、どちらも本書では「駅名」と同様に扱うこととする。日本の駅名はどのように命名され、定着し、場合によっては改称されてきたのか。命名の背景を読み解きながらじっくり取り組んでみたい。

第二章　駅名に採用される地名とその階層

たいていの駅名には「地名」が付いている。横浜市内の鉄道交通の結節点であり、市内でもダントツに乗降客の多い横浜駅があり、大阪市の交通の中心地には大阪駅、広島市には広島駅という具合だ。福岡市のＪＲの代表駅は博多駅なので市名とは異なるものの、かつて福岡とは別の町だった博多の側にあるので、これも「そこの地名」であることには違いない。鹿児島市の代表駅は九州新幹線の終点でもある鹿児島中央駅だが、それとは別に最も古いターミナルは鹿児島駅である。そのあたり個々の事情はさまざまだ。

東京という駅もなるほど「東京」の代表駅である。細かいことを言えば「東京」という地名は市区町村名として存在せず、都道府県レベルなので珍しいのかもしれないが、駅が誕生した大正三年（一九一四）の時点で見れば東京市麴町区永楽町一丁目（現東京都千代田区丸の内一丁目）という住所であり、東京市を代表していた。強いて言えば現在は旧東京市の後身にあたる「東京都特別二十三区」の代表駅と解釈することができるだろう。もっとも、鉄道が日本で初めて開通してから大正三年まで四十二年間も「東京」を名乗る駅が存在しなかったのは奇妙なことかもしれないが、そのあたりも後で取り上げる。

駅名に採用される地名の「階層」

地名が付けられている駅は圧倒的に多いのだが、その地名の階層はそれぞれ異なっている。地名の階層というのは、たとえばアジア―日本―神奈川県―横浜市―旭区―二俣川《ふたまたがわ》といった広域の地名から狭い地名までの重なり具合で、いくつかの小さな地名を包含する広域の地名があり、さらにそれがいくつか集まってさらに広域の地名になるという階層構造で、これは世界的に共通している。

欧米ではアトランティック通り―ボストン市―マサチューセッツ州―アメリカ合衆国（ボストン南駅の住所）と表記すれば逆順ではあるが、階層性という点では変わりはない。韓国では釜山《プサン》広域市（慶尚南道《キョンサンナムド》からは独立）―東区―中央大路（釜山駅の住所）と、市区の用語を含めて日本とかなり共通した構造を持っている。

日本の場合は多くの地名が「都道府県―郡・市・特別区―（町村・行政区）―自治体内の町（丁目）または大字―（小字）」という枠組みの中で、おおむね三層から四層の構造をとっている。中には伊豆諸島の青ヶ島村のように、役場も小中学校も駐在所もすべて「東京都青ヶ島村（全域が無番地）」という二階層のみという例外はあるが、いずれにせよたいていの駅名にはこの三～四層のうち都道府県を除くどれかの地名が採用されていることが多い。

たとえば東京駅は住所で表記した時の「東京都－千代田区－丸の内一丁目」のうちトップ階層である東京が採用されているが、北隣の神田駅は同じ東京都千代田区にありながら広域地名の「神田」が採用された。大正八年（一九一九）の開業時には東京市神田区鍛冶町であったので、区名を付けたことになる。これに対して有楽町駅は東京市麴町区有楽町二丁目（現在も）なので、その下の階層である町名が採用された。

東京駅の前後だけを見てもこのように階層が異なるのだが、路面電車の停留場となれば、さらに「丁目」が加わることも珍しくない。たとえば東京メトロ有楽町線の東池袋駅（町名採用）には都電荒川線の東池袋四丁目停留場（丁目レベルまで採用）が連絡しているのはわかりやすい事例だろう。

山手線の駅名を開業時に遡ると

駅名と地名の関係を考えるには、開業時もしくはその駅名に改められた当時の地名の状況をよく観察する必要がある。選ばれた駅名とその階層を見るために、山手線を例にとってみよう。一般に「山手線」といえば都区内をぐるぐる周回する「運転系統」としてのルートを指すが、線路の戸籍としては品川～田端《たばた》間なので、ここではこの区間の駅名を取り上げる。駅名の次のカッコ書きは、駅名に採用された地名の階層または性格などを記したものである。

品川駅（近くの宿場名）

明治五年（一八七二）五月七日（旧暦）、日本初の鉄道が仮開業した際に横浜（現桜木町）駅との間に旅客輸送を始めた時点での始発駅である。仮開業中の翌六月に川崎と神奈川の両駅が開業するまでは途中無停車だったので、日本で最も古い二駅のうちのひとつである。当時はまだ近代的行政区画が定まっていないが、いずれにせよ停車場が設けられたのは江戸の内であった高輪南町で、その地先に広がっていた海岸を埋め立てた場所に停車場が建設されている。場所は現在地より少し南側の八ツ山橋のすぐ北側だったが、駅名になった品川は所在地ではなく「最寄りの宿場町」である。品川駅の所在地は明治十一年（一八七八）の郡区町村編制法の施行で東京府（同二十二年以降は東京府東京市）芝区高輪南町となったが、宿場の方は東京府荏原《えばら》郡品川町となっている。

大崎駅（所在地の自治体名）

明治三十四年（一九〇一）二月二十五日の開業である。日清戦争（明治二十七〜二十八年）の際に軍用短絡線として建設された山手線（当時は日本鉄道山ノ手線）から東海道本線の大井聯絡所（現大井町駅）に至る短絡線が分岐する場所で、その分岐点に後で設置されたのが大崎駅である。当時の所在地は荏原郡大崎村大字居木橋《いるぎばし》字辻田。

明治二十二年（一八八九）に町村制施行で誕生した大崎村は、上大崎・下大崎・居木橋・谷山《ややま》・桐ヶ谷の各村（後に大字）と芝区白金猿町《しろかねさるまち》の一部を併せて成立した。駅所在地の大字は上大崎・下大崎のどちらでもないので、この駅は町村制の合併で誕生した「行政村名」たる大崎村の名を採用したことになる。行政村名を採用した駅は全国的にみて非常に多い。居木橋の地名は昭和七年（一九三二）の東京市編入の際に消えたが、もしこの時に大字名として居木橋駅を採用していれば、今でも地名は残っていたかもしれない。

五反田駅（近くの小字名）

開業は明治四十四年（一九一一）十月十五日。山手線に電車が運転されるようになって二年後のことで、電車専用の旅客駅として設置された。勾配の途中なので、「汽車時代」にはここに駅を設けるわけにはいかなかったのである。荏原郡大崎町大字上大崎字子ノ神下《ねのかみした》で、本来ならこちらの方が「大崎駅」を名乗るにふさわしいが、大崎駅がすでに開業した後なので市街化が著しかった駅の東側にあたる大字下大崎の字五反田《ごたんだ》の名を採用した。山手線の駅名に採用された影響は大きく、後にこの一帯は東五反田・西五反田などに変わった一方で、旧大字である居木橋や谷山は消滅。小字が大出世した一方で、江戸時代からの村であった大字を駆逐した珍しい事例である。

目黒駅（近くの広域総称）

開業は日本鉄道山ノ手線が開通した明治十八年（一八八五）三月一日から約二週間後の十六日で、まだ町村制が施行される以前の上大崎村内に設けられた。現在でも品川区に属していて目黒区にないのがよく話題になるが、駅名に採用された目黒は上目黒・中目黒・下目黒の三村を包括する総称の目黒で、後に行政村名としての目黒村となった。駅から最寄りの下目黒村は駅の西側から権之助坂《ごんのすけざか》、行人坂《ぎょうにんざか》が便利に結んでおり、駅名に不審な点はない。町村制が施行されてからの所在地は荏原郡大崎村大字上大崎字永峯通。

鉄道の建設にあたっては、地元の農民が「汽車の煙や振動が農作物に悪影響を及ぼす」として反対して権之助坂の上へ追いやったとする、いわゆる「目黒駅追上事件」が目黒区のサイトにも紹介されているが（資料がないので定かでない、としているが）、これは全国各地に存在する「鉄道忌避伝説」の一典型であろう。線路側の事情からすれば、これから渋谷を経て新宿の高い台地へたどり着く必要があるのに、目黒川沿いの村の中心部などを経由していたら、これから先に待ち構える渋谷川流域への分水界が越えられない。このため線路は一〇パーミルの「最急勾配」で五反田付近からひたすら台地へ上っている（後にできた現在の旅客線はさらに急な勾配）。目黒駅が切通しの中にあるのも山越えの途中であるためだ。その後は目黒区との境界でようやく分水界を越え、渋谷川流域の恵比寿《えびす》方面へ向けて下って行く。

恵比寿駅（商品名）

山手線の中でも特殊な駅名である。今でこそ渋谷区恵比寿という町名があるので誰も不思議と思わないが、周知の通り恵比寿はビールのブランド名だ。駅の設置は明治三十四年（一九〇一）二月二十五日で、日本麦酒醸造会社（現サッポロビール）がビールを出荷するための専用貨物駅として誕生している。開業から五年後の明治三十九年には旅客列車も停まるようになった。

開業時の所在地は豊多摩郡渋谷村大字下渋谷字広尾向で、将来の東京市編入を見すえて行われた昭和三年（一九二八）の町名地番整理で渋谷町大字山下町、同七年に東京市渋谷区山下町、同三十五年（一九六〇）に現在の恵比寿南一丁目となった。恵比寿が町名として初めて用いられたのは昭和三年の「恵比寿通」で、その後は恵比寿、恵比寿西、恵比寿南が大きく広がって今に至る。やはり駅名の影響力は大きい。

渋谷駅（広域総称）

明治十八年（一八八五）三月一日、日本鉄道山ノ手線が品川～赤羽間に開通した当初に設けられた新宿、板橋とともに三駅のひとつ。当初は現在の山手線ホームより三五〇メートルほど南の現埼京線ホーム（令和二年六月に山手線ホーム横に移転予定）あたりにあったが、大山街道と立体交差になった大正九年（一九二〇）に現在地に移転した。

開業当時は中渋谷村で、上渋谷村・下渋谷村など三村を併せた広域総称である渋谷を駅名に採用している。四年後の町村制施行後は南豊島郡渋谷村大字中渋谷字並木前。後に郡の統合で明治二十九年（一八九六）から豊多摩郡となり、大正九年の現在地移転で字大和田下に変わっている。昭和三年（一九二八）から豊多摩郡渋谷町大字上通、同七年から東京市渋谷区上通二丁目を経て現在は渋谷区道玄坂一丁目。

原宿駅（大字名）

明治三十九年（一九〇六）十月三十日、恵比寿駅が旅客扱いを始めたのと同じ日に開業。当初の駅は現在より約二〇〇メートル北側、宮廷ホームへの線路が分岐するあたりに駅舎が置かれていた。駅名は東側に位置する大字名、豊多摩郡千駄ヶ谷《せんだがや》村の大字原宿を採用している。所在地は大字原宿字石田。線路のすぐ西側は現在の明治神宮で、そちらは代々幡《よよはた》村大字代々木字外輪《とがわ》であった。

関東大震災の翌年にあたる大正十三年（一九二四）に駅は現在地である字源氏山に移転したが、その時の駅舎が現在のもの。残念ながら東京オリンピック後の取り壊しが決まった。原宿の地名は戦国時代にはすでに文献に見える由緒あるものだが、昭和四十二年（一九六七）に行われた住居表示の実施で隣の穏田《おんでん》とともに、「神宮前」という新地名に変えさせられてしまった。それでも原宿の知名度が抜群なのは山手線の駅名に残っているからだ。

代々木駅（近くの大字名）

代々木駅が最初にできたのは明治三十九年（一九〇六）九月の甲武鉄道（翌月に国有化、同四十二年から中央東線、現中央本線）が最初で、山手線の電車が停まるようになったのは三年後の同四十二年十二月十六日。所在地は豊多摩郡千駄ヶ谷町大字千駄ヶ谷字新田《しんでん》で、代々幡村大字代々木はだいぶ西側に離れていた。今でこそ駅の西口は代々木一丁目となっているが、これは昭和四十五年（一九七〇）に山手線の西側にも広がっていた千駄ヶ谷の一部を代々木に割譲した結果。小田急の南新宿駅も当初は代々木駅の所在地と同じ大字＋小字で「千駄ヶ谷新田駅」と称していた（現在地より少し新宿寄り）。

新宿駅（近くの宿場名の前略形）

新宿駅の開業は明治十八年（一八八五）三月一日、日本鉄道山ノ手線開業時以来の駅である。その四年後には甲武鉄道（現中央本線）が接続した。新宿の名は甲州道中に設けられた新しい宿場——内藤新宿から「内藤」を略したものである。信州高遠《たかとお》藩の内藤家下屋敷に開設されたことによる地名であるが、町村制施行後も南豊島郡（後に豊多摩郡）内藤新宿町として大正九年（一九二〇）に東京市四谷区に編入されるまで存続した。駅名がなぜ「内藤」を省略したのかは謎だが、一般に「新宿」の呼び名がすでに定着していたのだろうか。

ただし所在地はその新宿の西端から少し外れた角筈《つのはず》村で、町村制施行後の住所は南豊島郡淀橋《よどばし》町大字角筈字渡辺土手際であった。駅の敷地が東京市内となった昭和七年（一九三二）以後も淀橋区角筈一丁目で由緒ある角筈の地名は残ったが、昭和四十八年（一九七三）には新宿駅も新宿三丁目のエリアとなった。角筈が全部消えたのは同五十三年のことである。こちらも実に惜しいことをしたものである。

新大久保駅（自治体名に新を冠した）

中央本線に大久保駅ができたのは、まだ甲武鉄道時代の明治二十八年（一八九五）と古い。南豊島郡大久保村大字百人町《ひゃくにんちょう》字仲通《なかどおり》であったが、同村の大字西大久保・東大久保はさらに東側なので、駅を含む行政村の名を採用したと解釈できる。

大正三年（一九一四）十一月十五日に、大久保駅にほど近い山手線上に設置されたのが新大久保駅で、線内唯一の大正生まれ。現在に至るも最新の駅（品川〜田端間）である。所在地は大久保駅と同じ字のエリアだが、大正元年（一九一二）に町制施行してからの開業なので大久保町百人町字仲通。江戸期の大久保村が東西に分かれたのは元禄以前のことだが、東大久保・西大久保とも現在は消滅しており、現在では西大久保がおおむね大久保一〜三丁目、東大久保は新宿六・七丁目に変わっている。町名変更が地価の高いブランド地名へとシフトする好例だ。

高田馬場駅（名所旧蹟）

明治四十三年（一九一〇）九月十五日の開業と、山手線内では比較的新しい。ＪＲ東日本の駅では乗車人数が十二位という高位（一日平均約二二万人＝二〇一八年度）につけているが、この駅はホーム一本だけなので、ホームあたりの乗客数ではおそらく全国トップであろう。開業時の所在地は豊多摩郡戸塚《とつか》村大字戸塚字清水川。駅名候補としては当初上戸塚駅、諏訪之森駅もあったというが、人口に膾炙《かいしゃ》した江戸期からの名所ということで高田馬場の駅名が選ばれたという（馬場の場所は現豊島区高田ではなく現新宿区西早稲田）。所在地なら戸塚なのだが、東海道本線にすでに戸塚駅が存在したために回避したという説もある。

駅の所在地は東京市内になってから淀橋区戸塚町二丁目となった。戦後までこの町名は続き、その南側にはこちらも歴史の長い諏訪町が続いていたのだが、昭和五十年（一九七五）に両町のうち明治通りから西側を駅名に合わせて高田馬場と改称している。ついでながら戸塚町は長らく早稲田大学の所在地でもあったが、こちらも大学名に合わせたのか大半が西早稲田となり、戸塚一丁目（二～四丁目は消滅）が大隈庭園付近のわずかの面積に残るのみ。

目白駅（寺院の通称）

日本鉄道山ノ手線が開業した約二週間後、奇《く》しくも目黒駅と同じ明治十八年（一八八五）三月十六日に開業している。目黒は広域地名だが、目白は新長谷寺《しんちょうこくじ》の目白不動から来ており、もともと地名ではない。当時の不動の場所は現在の文京区関口二丁目で、駅からは直線距離でも二・二キロ離れていた。それでも東京に路面電車が登場する前なので、誰もがそのくらい歩くのは当たり前だった時代である。戦時中の空襲で不動尊は高田の金乗院《こんじょういん》に移ったため距離は半減した。不動のはずの（？）お不動さんが駅に近づいてくれたという異例。

当初の駅の所在地は高田村で、町村制施行後は北豊島郡高田村（大正九年から高田町）大字高田字金久保沢であった。目白が町名になったのは高田町が東京市に編入された昭和七年（一九三二）で、大字高田の一部が目白町となり、それが現在の豊島区目白に引き継がれている。不動尊の地名化には駅名が大きな力を発揮したに違いない。

池袋駅（大字名）

現在ではＪＲの他に東武東上線と西武池袋線、東京メトロの丸ノ内線、有楽町線、副都心線が集まる交通の要衝であるが、明治十八年（一八八五）に日本鉄道が品川～赤羽間を開通させた際には駅さえ設けられなかった。同三十六年に田端へ通じる日本鉄道豊島線の分岐点として開業した四月一日に池袋駅は誕生している（その直前に池袋信号所を設置）。

所在地は北豊島郡巣鴨《すがも》村大字池袋字蟹《かに》ヶ窪《がくぼ》だから、大字名を採用したものだ。巣鴨村の東には巣鴨町が隣接しており、こちらの巣鴨村が人口増加で町制施行する段になり、そのままだと同名になってしまうため西を冠して西巣鴨町とした。駅の所在地も北豊島郡西巣鴨町大字池袋となったのである。なかなか複雑だ。現在では東口が南池袋一丁目、西口が西池袋一丁目である。

大塚駅（近くの町名）

現在この駅は豊島区南大塚三丁目にあり、町名は山手線をはさんで北側が北大塚、南側が南大塚と一見わかりやすい線引きと町名が設定されているが、明治三十六年（一九〇三）四月一日に開業した時点では北豊島郡巣鴨村大字巣鴨字宮仲であった。

駅名に採用された大塚はもともと駅から最短でも七〇〇メートルほど南下した地域で、具体的には東京メトロ丸ノ内線の新大塚駅以南、要するに江戸の北西端の町名であった。駅の所在地は西巣鴨町が東京市に編入されてからは豊島区西巣鴨二丁目として戦後を迎えるが、昭和四十四年（一九六九）に住居表示の実施で南大塚・北大塚という新町名が設定された。こちらも駅名に合わせて町名が決められた例であるが、このため現在では文京区大塚の北側に豊島区南大塚が存在するという奇妙な配置になっている。隣接する区にもかかわらず、担当者間で情報交換が行われなかったのだろうか。地名政策のお粗末の一典型だ。

巣鴨駅（自治体名・町名）

大塚駅と同じ日の開業である。当初は北豊島郡巣鴨町大字巣鴨二丁目。大字なのに町場らしい丁目付きなのは、もともと江戸のエリアであったから。明治二十二年（一八八九）に市制施行で複雑きわまりない東京府十五区と郡部の境界線がすっきり整えられた結果、かつて中山道沿いに北西へ細長く延びていた小石川区巣鴨一～四丁目の部分が切り落とされて郡部のこの住所に相成った。昭和七年（一九三二）の東京市への編入で豊島区巣鴨二丁目となり、戦後の住居表示後は今に至るまで豊島区巣鴨一丁目。

駒込駅（広域総称）

明治四十三年（一九一〇）十一月十五日の開業。今では駒込《こまごめ》という町名は豊島区で、文京区は本駒込と異なっているが、大雑把に言えば本駒込の方はおおむね江戸の内であるのに対して、豊島区駒込は代官支配地であった農村部の上駒込村に由来する。こちらは町村制施行で北豊島郡巣鴨町の大字となり、駒込駅は農村の大字上駒込字東三軒家に設置された。駅名の「駒込」は江戸エリアの「町場の駒込」と「農村の駒込」をひっくるめた汎称であろう。ついでながら下駒込村も農村部であったが、都心に近かったこともあって明治二十二年（一八八九）の市制施行時に本郷区に編入され、駒込千駄木《せんだぎ》町、駒込蓬萊《ほうらい》町などに分割されて消えた。現在の駅所在地は豊島区駒込二丁目。

田端駅（大字名）

この駅は東北本線の前身である日本鉄道の奥州線から海岸線が分岐する地点の駅として明治二十九年（一八九六）四月一日に開業した。当初は上野から水戸方面へ行く列車はここでスイッチバックしており、日暮里《にっぽり》への短絡線を設けて折り返しを解消し、現在のような形になったのは同三十八年のことである。

駅は海食崖の下にある北豊島郡滝野川村《たきのがわ》（大正二年から滝野川町）大字田端字峡附に設置された。峡附は「はけつき」と読むらしく、ちょうどハケ（崖）に面した場所らしい地名である。峡の字がハケに用いられることは珍しいが、一帯は江戸期に峡田領《はけた》として知られ、今でも荒川区立峡田小学校の名に残っている。滝野川町は昭和七年（一九三二）に東京市編入でそのまま滝野川区となり、戦後同二十二年に隣の王子区と合わせて北区になった。現在地は北区東田端一丁目。

「近くの地名」が目立つ山手線の駅

さて、ここまで山手線の駅が設置された地名と駅との関係を検証してみたが、改めて駅名に採用された地名その他を並べてみよう。

品川駅（近くの宿場名）
大崎駅（所在地の自治体名）
五反田駅（近くの小字名）
目黒駅（近くの広域総称）

恵比寿駅（商品名）
渋谷駅（広域総称）
原宿駅（大字名）
代々木駅（近くの大字名）
新宿駅（近くの宿場名の前略形）
新大久保駅（自治体名に新を冠した）
高田馬場駅（名所旧蹟）
目白駅（寺院の通称）
池袋駅（大字名）
大塚駅（近くの町名）
巣鴨駅（自治体名・町名）
駒込駅（広域総称）
田端駅（大字名）

どんなことに気付かれるだろうか。十七駅のうち約三分の一にあたる六件に駅の所在地ではない「近くの地名」が採用されたことがわかる。その他は自治体名が三、大字名が三、所在地の広域総称が二、寺院と商品名、名所旧蹟が各一という結果であった。地名階層は広域総称から小字までに及ぶさまざまなものが用いられ、それに地名以外のものが混入していた。意外な結果だろうか。町名が駅名に合わせて後に変更・設定された事例も目立つが、それは山手線に限ったことではない。

＊駅の旧所在地として記した小字名は、停車場の住所を小字まで一元的にたどれる資料が見当たらないので、明治大正期の旧版一万分一地形図および各種市街地図、小字地番対照表などを参照して総合的に判断した。このため「正式な所在地」と異なる可能性があることをお含みおきいただきたい。

第三章　在来線の駅名

駅といってもさまざまで、乗客数からしても一日百万人単位のものからたった一人の「秘境駅」までいろいろある。数分間隔で十両編成の電車がやって来る首都圏の駅もあれば、一時間にではなく一日にたった一両のディーゼルカーが六往復だけ、といったローカル駅まで千差万別だ。北海道のある駅など、地元の一人の高校三年生が卒業するのを待って廃止したという話も聞いたことがある。まさに「マイ・ステーション」だったのだろう。駅とひとくくりにできないほど、その役割も地域交通における重要性もさまざまだ。

地名と駅名の関係を個々の駅について散発的に調べていっても、当然ながらそれぞれが個別の事情を抱えているので判断するのが難しいが、いくつかの路線をサンプルとして開業時の駅と当時の地名の関係を調べてみると、山手線の例で見たように駅名に何を採用するかの基準が浮かび上がってくるのではないだろうか。その前に、鉄道路線が盛んに建設されていた戦前の駅設置の背景を見ていくことにしよう。

地方での鉄道路線の建設促進――「建主改従」体制

自家用車が存在しなかったに等しい戦前期にあって、鉄道は陸上交通機関における主役であった。かつては河川の水運で隆盛を極めた河港都市が、鉄道の開通で人とモノの流れが変わって衰退し、また鉄道に素通りされた宿場町が往年の活気を失ってしまう事例を多くの人が身近に見聞きするうち、やはり地元の発展にとって鉄道は不可欠という認識はますます高まった。

各地域から選出される代議士たちがその地盤のために線路を引っ張ってくる、いわゆる「我田引鉄」が生じるのは自然な成り行きである。政権与党が変わる度にルートがねじ曲げられた有名な「鍋鉉《なべづる》線」こと大船渡《おおふなと》線はその記念碑的な存在だ。各所を回って迂回しているから、鉄道が主役であった戦前期は良かったのかもしれないが、今となってはハンディ以外の何ものでもなく、同線の迂回区間を国道で近道すれば自動車どころか自転車の方が早いくらいである。

さて、日露戦争後に鉄道輸送が貨客ともに大幅に延びていた明治の終わり頃、国有鉄道のレールの幅を標準軌（一四三五ミリメートル。当時は「広軌」と称した）に広げようとする議論が盛んになった。軌間拡張案はスピードアップと輸送力増強を目的とするもので、必然的に車両の大型化が想定されている。大正六年（一九一七）には首都圏の横浜線に標準軌の線路を敷いて実験も行われた。岩越線《がんえつ》（現磐越西線《ばんえつさい》）で線内最長の二〇〇六メートルの平瀬《ひょうぜ》トンネルでは来るべき標準軌化に備え、内部の建築限界（断面）を標準軌用にして掘っている。改軌論者の後藤新平が鉄道院総裁であったためだが、完成時期の総裁は後に「改軌派」を一掃することになる床次《とこなみ》竹二郎であったため、出入口付近は従来の狭い断面になった。

改軌事業は単にレールを広げるだけではなく、トンネルやプラットホームの改築など大がかりな工事が必要となるため、当時としては六〇〇〇万円を超える予算が計上されていた。ところがそんな費用があるなら、まだ鉄道の恩恵を受けていない地域に少しでも線路を敷設すべきという反対論が出てくるのも当然である。

これがいわゆる「改主建従」と「建主改従」の議論だ。既存の鉄道路線の改軌により輸送力増強を実現させるか、それとも津々浦々の交通を充実させるのを優先するか。税金をどのように使うかは今も変わらぬ重要なテーマであるが、その再配分の方法を決めるのは政治である。折しも大正七年（一九一八）のシベリア出兵をめぐって米不足の懸念から買い占めが起こり、これに端を発した米騒動で寺内正毅内閣から政友会の原敬内閣に替わり、これで改軌は沙汰止みとなってしまう。

それ以来というものの、政権党の交代によって多少の差はあれ、戦後に至るまで「建主改従」は連綿と続き、やがて陸上の主役が鉄道から自動車にシフトした後も、それは高速道路に引き継がれて現在に至っている。整備新幹線にまつわる予算の「分捕り合戦」などを見れば、これが日本のインフラ整備における「主調」であることは変わらない。

時代は戻るが、平民宰相と呼ばれた原敬は「全国必要の線路を相当の年限内に悉く完成せしむるの方針」（『原敬日記』明治四十三年一月二十九日）を説き、都市と農村部の経済格差をこれによって是正すべきことを信念としていた。原が政権を獲った後で日本の鉄道政策が「建主改従」に大きく舵を切っていくのは必然である。

原敬は大正十年（一九二一）に東京駅乗車口（現丸の内南口）でテロに斃れるが、翌十一年には改正鉄道敷設法が施行され、全国に一四九にも及ぶ路線が「別表」で明記された。個々の路線を見ていけば、よくもこんなところにと驚くような過疎地や峻険な山岳地帯を貫くものが目立ち、全国の代議士たちの要望をことごとく採用すればかくや、という「鉄道地図」ができあがったのである。敷設すべき路線を別表として具体的に掲げてしまったために見直しも難しく、これが戦後に「自動車時代」となった後でも不採算ローカル線建設の強力な後ろ盾となった。

基本は一村一駅

駅をどのように設置するかの方針を記した文書があるのかどうか管見の限りではわからないが、実際に開業した駅を観察すればそれは見えてくる。大都市圏は人口密度も高く駅の設置の事情もさまざまであるため、ここでは純粋に駅の設置状況を見るため、地方交通線をサンプルに取り上げてみよう。巻末の**表1**はＪＲ水郡《すいぐん》線の駅と地名の関係を記したものだが、この路線は明治三十年（一八九七）から昭和九年（一九三四）にかけて開通した。線名は茨城県都である水戸と福島県の郡山《こおりやま》を結ぶことから頭文字を繋いだ典型的な命名法である。

水郡線のルーツは明治三十年（一八九七）～三十二年にかけて水戸～太田（現常陸太田）間を開通させた太田鉄道という私鉄で、同三十四年に水戸鉄道に譲渡された。大正七年（一九一八）には常陸大宮まで開通している。その先は鉄道省が終点の安積永盛《あさかながもり》まで延伸させた。当初は水戸鉄道の終点である常陸大宮を起点として郡山を結ぶことから「大郡線」と称したが、昭和二年（一九二七）に水戸～常陸大宮および上菅谷《かみすがや》～常陸太田間の水戸鉄道を国が買収したのを機に、全線が「水郡線」と改められた。

当初の太田鉄道が水戸～上菅谷間に設置した駅は青柳《あおやぎ》（現常陸青柳）と下菅谷だけである。

青柳は所在地が川田村（現ひたちなか市）大字枝川《えだがわ》で駅名とは一見したところ関係なさそうだが、駅を出てすぐ西側が柳河《やながわ》村（現水戸市）大字青柳で、所在地である枝川の集落は遠く、むしろ最寄りの集落が青柳なので妥当な命名だろう。目黒駅が目黒区ではなくて品川区にある「謎」と同じパターンで不思議はない。下萱谷、中萱谷（昭和十年に設置）、上萱谷の三駅はいずれも南北に長い街村状を示す萱谷村の下宿、中宿、上宿にあたり、南北に長い街村に複数の駅を設けるのは私鉄として自然な対応だ。

上萱谷〜常陸大宮間は水戸鉄道時代の大正七年（一九一八）、それ以遠は鉄道省が建設した区間であるが、駅は当時の経由地である各町村にほぼ一か所ずつ設けられた。上萱谷以北で当初開業時の駅名と町村名（カッコ内）を挙げれば次の通りである。

常陸鴻巣《こうのす》（芳野《よしの》村）　瓜連《うりづら》（瓜連村）　静《しず》（静村）　常陸大宮（大宮町）　玉川村（玉川村）　山《やま》方宿《がたじゅく》（山方村）　下小川（下小川村）　上小川（上小川村）　袋田（袋田町）　常陸大子《だいご》（大子町）　下野宮《しものみや》（宮川村）　東館《ひがしだて》（豊里村）　磐城石井《いわきいしい》（石井村）　磐城塙《はなわ》（常豊《つねとよ》村）　近津《ちかつ》（近津村）　磐城棚倉《たなくら》（棚倉町）　磐城浅川（浅川村）　磐城石川（石川町）　野木沢《のぎさわ》（野木沢村）　泉郷《いずみごう》（泉村）　川東《かわひがし》（川東村）　谷田川《やたがわ》（谷田川村）　磐城守山（守山町）

経過地の町村はこの他にも若干あるが、村の端の短区間のみ、もしくは経由地が山間で駅を設置する必要のない例外的なもので、それを除けば行政村（自治体）ごとに駅が一つずつ設けられていることがわかる。そして駅名にはおおむね町村名がそのまま付けられた。

原則は「町村名」の採用

町村名と異なる駅名もあるが、気になるものを検討してみよう。まずは芳野村にできた常陸鴻巣駅。すでに高崎線に鴻巣駅（現埼玉県鴻巣市）があるため国名の常陸を冠したものだが、「常陸芳野」としなかった理由はわからない。芳野村は明治二十二年（一八八九）に鴻巣・飯田・戸崎《とざき》の三村が合併したもので、「大和国の芳野（吉野か）から移植した桜」があることにちなむとされるが、路線はこの駅にわざわざ立ち寄った形なので、その「鴻巣寄りの線形」を採らせるべき何らかの事情があったのかもしれない。それが政治力なのか地形由来なのかは不明だが。

次の常陸大宮駅は東北本線の大宮駅（現さいたま市大宮区）との重複を避けたものだろう。平成の大合併では合併して市制施行、駅名と同じ常陸大宮市が誕生した。他の国名を冠した常陸大子、磐城石井、磐城塙、磐城棚倉、磐城浅川、磐城石川、磐城守山の各駅はいずれも他の路線にすでにある駅との重複回避で、具体的には奥羽本線の醍醐《だいご》駅、徳島本線（現徳島線）の石井駅、足尾線（現わたらせ渓谷鐵道）の花輪駅、奈良線の棚倉駅、中央本線の浅川（現高尾）駅、奥羽本線の石川駅、東海道本線の守山駅との重複を避けたものだろう。

すでにお気づきと思うが、このうち大子と醍醐、塙と花輪は字が違うが「同音」であることから回避の対象になっている。重複回避は国名を付けるのが最も一般的だがその他のタイプも用いられ、奥羽本線山形駅との重複を避けた山方村の山方宿駅などは、山方が南郷《なんごう》街道の宿駅であることから山方宿としたものだし、泉郷駅は常磐線の泉駅との重複を避けるために「磐城泉」などではなく「郷」を付けた珍しい例である。泉村はやはり明治の町村制で誕生した新村名だが、『消えた市町村名辞典』によれば村名の由来は「湧泉地帯を表現？」としており、泉郷の駅名もその感覚で命名されたのかもしれない。

もうひとつ珍しいのが玉川村駅である。玉川という駅は当時「鉄道」には存在しなかったが、軌道線では玉川電気鉄道（後の東急玉川線）の終点が玉川（現二子玉川）であり、近くに京王電気軌道（現京王電鉄）の多摩川原（現京王多摩川）もあった。軌道は重複回避の対象ではなかったようだが、東京に近い「多摩川・玉川」を無視できなかったのかもしれない。玉川村駅のケースが珍しいのはその点ではなく、駅名に「村」が付いていることである。黒井村駅（山陰本線・大正三年開業。黒井駅は信越本線と福知山線に既設）、湯田村駅（福塩《ふくえん》線・大正三年開業・湯田（現湯田温泉）駅は山口線に既設）などの前例があった。「常陸玉川」など国名を付けずに「玉川村」を選んだ実際の理由はわからない。

ちなみに飯田線にも下山村駅が現存するが、これは少し事情が異なり、もともとの村名であった「山村」が明治八年（一八七五）に三村合併で鼎《かなえ》村となり、同二十二年の町村制で誕生した鼎村の大字鼎の中の地区名としてそれに上下を付けた上山村と下山村（昭和五十九年から鼎上山・鼎下山の大字がある）があったことから、これを採用したものである。つまり「下山・村」ではなく「下・山村」である。余談ではあるが、この三村合併で誕生した鼎村は、中国古代の青銅器である「鼎《てい》」が三本足であることにちなみ、旧三村が一緒に仲良くやりましょうと命名した瑞祥村名だ。さらに蛇足ではあるが、三人の会談を「鼎談」、三つの勢力が並び立つことを「鼎立」と称するのも、この古風な字の用例である。

大きな村には二か所の特例も

表1でわかる通り、一村一駅の原則はかなり忠実に守られた。駅名欄の×印は通過するの

に駅のない事例であるが、そのうち社川村《やしろがわ》（現棚倉町）については村内にすでに白棚鉄道《はくほう》（廃止）の金沢内《かなさわうち》駅が存在したし、もう一つの山橋《やまはし》村は短区間であり、また山間部で人家がほとんどないためだと思われる。小塩江《おしおえ》村は区間こそ一定の長さはありながら、こちらも目立った集落はない（戦後に小塩江駅を設置）。

しかし中には一村が広く、もしくは細長いため距離が開いて一か所では地元の要望に十分応えられないケースもあり、下小川村では下小川駅（大字盛金《もりがね》）の他に西金《さいがね》駅が開通わずか七か月後の大正十五年（一九二六）三月に新設された。西金地区にはもともと駅が設置される予定があったというが、事情により下小川・上小川の二駅が決まってしまい、その中間地点に位置する西金の住民がこれを不服として猛烈な設置運動を繰り広げた末の決着という（ウィキペディアに詳細がある）。その後は「昭和の大合併」の最盛期にあたる昭和三十年（一九五五）、下小川村は西金駅周辺が大子町に、下小川駅周辺は山方町（現常陸大宮市）にそれぞれ分割編入・合併して消えている。駅の設置をめぐるしこりが残っていたのだろうか。

開通当初に設置された駅の間隔（上菅谷～安積永盛間）は平均して五・一キロである。もちろん機械的に設置するわけではなく集落の配置に従って調整された。西金駅が設置される前の下小川～上小川間は六・六キロと少し長めではあるが、設置後は三・四キロと三・二キロに分けられたから、周辺区間と比べれば少し短くなった。もうひとつ、例外的に一村二駅になった浅川村（磐城浅川駅・里白石《さとしらいし》駅）は、もし里白石駅がなければ磐城石川駅との間が八・三キロと開いてしまうことが考慮されたのだろう。なお、戦後になると気動車が全国の非電化ローカル線に続々と導入され、これに伴って駅もいくつか設置された。戦後設置の駅としては野上原《のがみはら》、中舟生《なかふにゅう》、南石井、中豊《なかとよ》、川辺沖《かわべおき》、小塩江の六駅である。

村内二駅設置の例をもうひとつ挙げよう。小田原急行鉄道（現小田急電鉄）は昭和二年（一九二七）に新宿～小田原間を開業した。当時まだ田園地帯であった橘樹《たちばな》郡生田《いくた》村は東西に細長く、当初は村の東部に一か所を設ける予定であったが西側地区の住民が反発し、地元が駅用地を寄付することを条件に村内に二駅設置することが決まっている。当初の駅名は東生田と西生田で、昭和三十九年（一九六四）にそれぞれ生田、読売ランド前と改称された（表2）。

一村一駅の八高線と「一自治体一インター」の高速道路

もうひとつ、昭和九年（一九三四）に全通したＪＲ八高《はちこう》線を挙げてみよう。中央本線の八王子駅から関東山地の東麓を北上して高崎のひとつ手前の高崎線倉賀野《くらがの》駅に至る九二・〇キロで、戦後に設置された北八王子と北藤岡の二駅を除けばすべて開通当初の駅である。巻末の**表3**の通り、経由する町村のうち人家のほとんどない精明《せいめい》村以外はすべての町村にひとつずつ駅が設置され、その大半が町村名と一致している。このうち小川町《おがわまち》駅はすでに小川駅が鹿児島本線に存在したため「町」を付けたようだ。

駅と町村の名が異なるのは同町村内に別の路線の既設駅のあるものに限られていて、具体的には青梅電気鉄道（現JR青梅線）に福生《ふっさ》駅のあった東福生駅、それに武蔵野鉄道（現西武池袋線）に飯能《はんのう》駅のあった東飯能駅で、他には東武日光線に二年前（昭和四年）に設置された藤岡駅（栃木県栃木市）との混同を避けるために県名を冠した群馬藤岡駅だ。ちなみに全通時の平均駅間距離は四・六キロである。

その後は合併により失われた町村名も多く、八高線では金子、高麗川《こまがわ》、明覚《みょうかく》、竹沢、松《まつ》久《ひさ》、丹荘《たんしょう》は今では旧村時代に設置された小学校や農協、そして現在の市町村における地区名として残る程度で、「公式な地名」としては存在しない。このように、戦前期に開業した駅の名称には所在地の町村名が採用されることが多く、それらの町村名が大字に基づくものでない場合は「昭和の大合併」以降は完全に消滅してしまい、駅名や小学校などの名称だけに残る存在となっていることが多い。

八高線は「建主改従」政策の中で実現した「一村一駅」の見本のような路線であるが、この一村一駅は戦後の「建主改従」の主役となった高速道路でも「一自治体一インター」として踏襲されている。間隔などの制約からインターが設けられない場所ではサービスエリアなどが設けられた。

たとえば上信越自動車道のインター（以下ＩＣ）を開通時の自治体名と対照してみるとほぼその原則が守られていることがわかる。藤岡ジャンクションから藤岡ＩＣ（藤岡市）、吉井ＩＣ（吉井町）、富岡ＩＣ（富岡市）、下仁田《しもにた》ＩＣ（下仁田町）、松井田妙義《まついだみょうぎ》ＩＣ（松井田町）、碓氷《うすい》軽井沢ＩＣ（松井田町内だが軽井沢町の近傍）、佐久《さく》ＩＣ（佐久市）、小諸《こもろ》ＩＣ（小諸市）、東部湯の丸ＩＣ（東部町）、上田菅平《すがだいら》ＩＣ（上田市）、坂城《さかき》ＩＣ（坂城町）、更埴《こうしょく》ＪＣＴ（更埴市）、長野ＩＣ（長野市）、須坂《すざか》長野東ＩＣ（須坂市）、信州中野ＩＣ（中野市）、豊田《とよた》飯山ＩＣ（豊田村）、信濃町ＩＣ（信濃町）、妙高高原ＩＣ（妙高高原町）、中郷ＩＣ（中郷村）、上越高田ＩＣ（上越市）、そして上越ジャンクションで終点だ。これに漏れた自治体は甘楽《かんら》町と新井《あらい》市であるが、それぞれ甘楽と新井の各パーキングエリアが設置されている。

第四章　路面電車の停留場

日本で路面電車といえば、大雑把に言えば中規模クラス以上の都市内の短距離交通を担ってきた。原則として自動車や歩行者も同居する道路を「併用軌道」として走行するため、専用軌道を走る鉄道より低速であり、道路を走る利便性もあいまって停留場間隔は路線バスと同程度の短さである（戦前はさらに短い傾向にあった）。このため停留場名としては鉄道線より「丁目」付きのものが目立ち、施設に由来する「前」も多い。

路面電車の停まるところは正式には「停留場」と称するが、一般には「停留所」、または電車のそれであることから「電停」などと呼ばれてきた。本書では停留場で統一しておこう。

旧東京市電「1系統」の停留場名を分析する

路面電車の停留場名がどのように命名されているかは、現在のものを見ただけではわからない。なぜなら停留場は過去の蓄積の上に成り立っているからだ。そこで東京で最も古い1系統のかつての停留場を観察してみよう（表4）。この系統は明治十五年（一八八二）に開通した東京馬車鉄道（新橋～浅草間）と、同鉄道に合併された品川馬車鉄道（品川～新橋間）の区間を合わせたルートで、ここで取り上げた昭和四年（一九二九）の段階では北品川～雷門間を走っていた。戦後の都電1系統は品川駅前～上野駅前間であったから、都電の晩年で言えば1系統と22系統（新橋～南千住）の一部を足した経路である。

昭和四年（一九二九）という時代は東京市が関東大震災に見舞われた六年後にあたり、震災復興事業で世界にも例を見ないほどの大々的な区画整理が断行されている最中だ。しかしこれに伴う町名地番整理はまだほとんど行われていない。昭和五年以降になると同年に銀座がそれまでの四丁目までだった町域を倍に増やして八丁目までとなり、その北側には同六年に京橋という新町名も誕生した。その他にも東京市の東側で焼失家屋の多かった地域で多くの町名がこの時期に整理統合されているので、停留場名の「原形」を観察するのには最も適した時期だろう。

1系統の三十七停留場のうち町名（起点の北品川のみ郡部なので大字名）を採用しているものは半分強の二十一、橋の名前が七、神社仏閣の関連が五（ここでは増上寺の大門や浅草寺の雷門を含む）、通称地名が二（札《ふだ》ノ辻、薩摩原《さつまっぱら》）、「駅前」を称するものが二（品川、新橋）という配分である。町名が多いのは当然であるが、目立つのは橋の名と寺社の名だ。

江戸は運河の街であり、この水路が米を始め多くの物資流通の大動脈であったため、必然的に橋が多かった。ある程度大きな橋であればランドマークとしての知名度が高く、停留場名として町名を排除しても橋名を選択するのは不自然ではない。

しかしそれとは別に、町が細分化されていた旧江戸の町人地では停留場利用者の分布するエリアに複数の町名が存在するため、どれかひとつだけを採用しにくい背景から、ランドマークとしてふさわしい橋の名を採用したと考えるのが自然ではないだろうか。たとえば京橋停留場は南伝馬町《みなみてんまちょう》にあるのだが、すぐ南側に具足町《ぐそく》、西側には畳町《たたみ》、東側には柳町や常盤《ときわ》町も隣接するなど、小さな町がひしめいている。

この地域は昭和六年（一九三一）に統廃合されたのだが、その広域に採用されたのが、橋の名をそのまま採った「京橋」であった。もともと京橋区（現中央区南部）のエリアであるのはともかく、細かい町を統廃合する際に住民として最も納得できる町名といえば停留場名として馴染みのある京橋をおいて他には見当たらない。

このように震災復興事業の町名地番整理で橋の名を採用した新町名は実に多く、他には呉服橋（昭和三年・現八重洲）、厩橋《うまや》（昭和五年・現本所《ほんじょ》）、吾妻橋《あづま》（昭和五年）、新橋（昭和七年）、浅草橋・高橋《たかばし》（昭和九年）などいずれも市電の停留場の名称が存在し、しかも京橋と同様にいずれも複数の路線が交差する要衝にあたっているのは興味深い。

元は単に「橋の名」に過ぎなくても、市電路線の要衝であるがゆえの知名度の高さで「通称地名」化していただろうから、広域町名として採用するにあたって原動力になったに違いない。他にも「橋」とは名乗っていないが両国橋の東詰には東両国（現両国）が昭和四年（一九二九）に誕生し、西詰には両国（現東日本橋の一部）が同九年に設定されている。

熊本市電は施設名、都電荒川線は旧小字

現在の路面電車の停留場として、熊本市電を取り上げてみよう。市の交通局が運営しているものだが、日本の路面電車では初めて冷房車を導入（昭和五十三年）、またヨーロッパで主流となりつつあった超低床車を平成九年（一九九七）にデビューさせて話題になった日本でも先進的な市電だ。最盛期よりだいぶ路線の距離を減らしてはいるが、今も市民や観光客の重要な足として活躍している。

市電はA・Bの二系統が運転されており、このうちA系統（田崎橋《たさきばし》～熊本駅前～辛島《からしま》町～健《けん》軍《ぐん》町の九・二キロメートル）の二十六ある停留場を見ると、町名は八つのみで、それよりも学校や公共施設などを名乗るものが九つと多い。他には通町筋《とおりちょうすじ》や八丁馬場《はっちょうばば》（健軍神社への参

道の通称）など道路名や交差点を名乗るものが合わせて四つ、「駅前」と橋が二つずつ、それに寺社が一つ（味噌天神前のみ）という割合である。なお「水前寺公園」については昭和四十五年（一九七〇）に町名となっているが、停留場名は昭和三十年代からこの名前なのでここでは施設名に計上した（表5）。

東京都電唯一の「生き残り」である荒川線（さくらトラム）はどうだろうか。大半が専用軌道であったため廃止を免れたこの路線は王子電気軌道という私鉄でスタートしたが、裏を返せば開通時に田舎だったということであり、昭和七年（一九三二）までは路線の全区間が郡部であった。このため停留場名にも、姿を消した都心の「表通り」の都電路線とは異なる特性が今も感じられる（表6）。

停留場は全部で三十か所だが、このうち現役の町名が採用されているのは十一か所と意外に少なく、その代わり東京市に編入される前の小字が目立つ。向原《むこうはら》（大字巣鴨字向原）、巣《す》鴨新田《がもしんでん》（大字巣鴨字新田）、庚申塚《こうしんづか》・新庚申塚（大字巣鴨字庚申塚）、梶原《かじわら》（大字堀之内字梶原）、宮ノ前（大字上尾久《かみおぐ》字宮ノ前）、熊野前（大字上尾久字熊野前）の七か所がこれに該当する。その他は学校や公共施設などが学習院下、荒川車庫前、荒川遊園地前、荒川区役所前、荒川一中前の五か所、残りは駅前が三か所と橋が二か所、寺社関係では鬼子母神《きしぼじん》前の一か所、花見の名所として知られた自然地名であり、また公園名でもある飛鳥山《あすかやま》が一か所となっている。

都電の廃止が急ピッチで進んでいた昭和四十年代には地名の統廃合も恐ろしいばかりの勢いで進められていた。昭和三十七年（一九六二）施行の住居表示法によるブルドーザーで地均しをするような地名破壊が行われたのであるが、この時に「表通り」の路線は都電の余命が僅かだったにもかかわらず積極的に新町名に替えられていた。これは住居表示法第六条に

路面電車の停留場。岡山電気軌道の岡山駅前停留場

路面電車の停留場は施設前の名称が目立つ。伊予鉄道城北線（松山市内線）赤十字病院前停留場

明記された「住居表示義務」を忠実に守ったからだろうか。

それでも荒川線でそれがあまり進まなかったのは、かなり広域の町となった西巣鴨（該当停留場が三か所）、西尾久・東尾久（六か所）のように町内に停留場がいくつもある場合は、同じ地名を「丁目」で区別するより既存の名称を生かした方が間違いを防げるという現実的な判断をしたからかもしれない。

ただしこのうち三河島だけはことごとく新町名の「荒川」に差し替えられた。荒川区は住居表示に関する議論が続いていた昭和三十五年（一九六〇）に川越市、塩竈《しおがま》市とともに「町名地番整理実験都市」に選ばれたことから先行的に町名地番整理事業を行い、これにより昭和三十六年（一九六一）十月末日に三河島の大半を「荒川」に変更している。このため「モデル事業」を徹底させて効果を見るためにも、都電の停留場を積極的に荒川に改めたのかもしれない。

なお、巷間伝えられる「三河島事故のマイナスイメージを払拭するために三河島という地名を葬った」というのは誤りである。三河島のごく一部が昭和四十一年（一九六六）まで残っていたのが誤解の原因かもしれないが、私はある本を読んで知ったこの誤ったエピソードをそのまま自著に記載、それを広めるお先棒を担いでしまった。

第五章　新幹線の駅名

出張のビジネスマンがひっきりなしに乗り降りする代表格が新幹線であるが、その駅名には特徴がある。昭和三十九年（一九六四）に開業し、その後いくつかの新駅を加えた東海道新幹線の全駅名をまずは観察してみよう。

東京駅（在来線に併設　東京都千代田区丸の内一丁目）

首都東京の中央停車場として計画され、新幹線ホームは大正三年（一九一四）に開業した東京駅の東側を占めている。東京駅は遠距離列車の発着でいえばかつては東海道本線のみであったが、昭和四十七年（一九七二）に総武本線が地下線で丸の内側の地下に進出、房総方面への列車の始発駅が両国駅からここへ移動、さらに東北新幹線が平成三年（一九九一）に東京駅まで延伸されたことにより、北のターミナルの地位も上野駅から事実上ここに移った。上野に最後まで残っていた常磐線の特急も品川まで延伸されたので東京駅を通る。ＪＲ線の中長距離線では、新宿をターミナルとしている中央本線以外の始発駅として重要性をますます高めている。

品川駅（在来線に併設　東京都港区港南二丁目）

JR東日本品川駅の所在地は港区高輪三丁目だが、新幹線ホームは昭和四十年（一九六五）以来の新地名である港南《こうなん》。かつては干潟のまん中であった。東海道新幹線の駅としては最も新しい。地下深くでは「リニア中央新幹線」の始発駅の工事が始まった。駅の開業は日本最古の明治五年（一八七二）で、近くの宿場町である品川の名を採ったものである（三七ページ参照）。

新横浜駅（新設　横浜市港北区篠原町）

昭和三十九年（一九六四）十月一日、東海道新幹線の開業に伴って誕生した三駅のひとつで、交差する横浜線も同日の開業。町名である篠原《しのはら》は室町時代から文献に見える古い地名だが、新幹線として横浜市内に設けられた唯一の駅であり、東京と大阪を結ぶ長距離の特急列車専用線というスケール感からすれば篠原の地名を採用するわけにはいかず、新横浜以外の駅名は考えにくい。余談だが現横浜駅は三代目で、旧横浜駅（高島町付近）と区別するため、戦前の一時期までは横浜駅が「新横浜」と呼ばれることもあった。

小田原駅（在来線に併設　神奈川県小田原市栄町一丁目）

駅は大正九年（一九二〇）に鉄道省の熱海線が第一期開業した際の終着駅で、神奈川県足柄下《あしがらしも》郡小田原町の市街北側に設けられた。開業時の所在地は小田原町緑町（明治八年からの新地名、現緑）。昭和九年（一九三四）に丹那《たんな》トンネルの開通で東海道本線の経路が替わって同線の駅となった。

熱海駅（在来線に併設　静岡県熱海市田原本町《たわらほんちょう》）

関東大震災後の大正十四年（一九二五）に熱海《あたみ》線の終点として開業、その後は小田原駅とともに昭和九年（一九三四）に東海道本線の駅となった。鉄道・軌道で最初に熱海を名乗ったのは豆相人車《ずそうじんしゃ》鉄道で、明治二十九年（一八九六）設置の熱海停留場。四〜六人乗りのミニ客車を人が押す原始的交通機関で、その後は蒸気機関車の牽引に改造、国鉄熱海線の開業に伴って廃止された。海に近い駅にもかかわらず、東海道新幹線の駅の中では米原に次いで二番目に標高が高い（七七・九メートル）。

三島駅（在来線に併設　静岡県三島市一番町）

東海道本線の初代三島駅は現在の御殿場線下土狩《しもとがり》駅で、旧三島宿からはだいぶ離れており、町が伊豆国なのに駅は隣国の駿河にあった。明治三十一年（一八九八）六月十五日に開業した日にここから分岐する豆相《ずそう》鉄道（後の駿豆《すんず》鉄道→現伊豆箱根鉄道駿豆線）も開通、同鉄道では市街地の最寄りに三島町《まち》駅（現三島田町《たまち》駅）を設置した。二代目となる現三島駅が開業したのは丹那トンネルの開通で東海道本線が現在線となった昭和九年（一九三四）。新幹線の開業時は目の前を素通りしていたが、昭和四十四年（一九六九）に東海道新幹線として初めて追加された新駅となった。同じホームを上下線で共用するのは全線でもここだけである。

新富士駅（新設　静岡県富士市川成島）

昭和六十三年（一九八八）に開業した比較的新しい駅で、富士市内ながら他の鉄道路線とは連絡していない。明治二十二年（一八八九）に東海道本線が開通した際、現富士市内には鈴川《すずかわ》（現吉原《よしわら》）と岩淵《いわぶち》（現富士川）の二駅だけで、在来線の富士駅が開業したのは二十年遅れの同四十二年と遅かった。所在地が加島《かしま》村であったことから「加島駅」設置の請願があったというが、富士山を北正面に仰ぐこと、また富士郡内であり、富士川も近くを流れることなどから富士駅に決まったという。富士製紙の工場も駅の隣に進出した。

加島村は昭和四年（一九二九）の町制施行を機に駅名に合わせて富士町に改称しており、これが現在の富士市につながっている。北海道の根室本線にもある同名の新富士駅は大正十二年（一九二三）と歴史が長いが、こちらも釧路市内の富士製紙（現日本製紙）の工場にちなむから無関係ではない。

静岡駅（在来線に併設　静岡市葵《あおい》区黒金町《くろがねちょう》）

官営東海道鉄道の静岡駅が開業したのは明治二十二年（一八八九）二月一日で、その二か月後に全国的な市制施行により静岡市が誕生した。静岡という地名は明治初年まで府中（駿《すん》府《ぷ》とも）と称していたが、全国に同名の町が多く、また音が「不忠」に通じるとして背後の賤機山《しずはたやま》にちなみ、賤の字を静に代えて命名されたものである。平成十七年（二〇〇五）に政令指定都市となり、静岡駅付近はおおむね東海道本線を境に北が葵区、南が駿河区となった。葵区はもちろん徳川家の「葵の御紋」に由来する。

掛川駅（在来線に併設　静岡県掛川市南一丁目）

静岡駅と同じく明治二十二年（一八八九）に開業した。江戸期は東海道五十三次の二十六番目にあたる掛川《かけがわ》宿で、駅が開業した当時は佐野郡掛川町（同二十九年から小笠《おがさ》郡）。新幹線の駅ができたのは昭和六十三年（一九八八）と新しいが、すぐ近くに見える掛川城が木造で再建されたのは平成六年（一九九四）だから新幹線の駅より新しい。

浜松駅（在来線に併設　浜松市中区砂山《すなやま》町）

明治二十一年（一八八八）九月一日に名古屋方面の大府《おおぶ》からここまで開通した。当時は敷《ふ》知《ち》郡（後に浜名郡）浜松町で市制施行は明治四十四年（一九一一）。平成の大合併では浜北《はまきた》・天竜の二市の他に八町一村を編入、一五五八平方キロという超広域市になった。平成十九年（二〇〇七）には政令指定都市として七行政区を設置。静岡県の市として最大の人口約七九万を擁する。

豊橋《とよはし》駅（在来線に併設　愛知県豊橋市花田《はなだ》町字西宿）

明治二十一年（一八八八）、浜松駅と同日の開業。明治二年（一八六九）に町名が吉田から豊橋に改称させられた。豊川《とよがわ》に架かる豊橋《とよばし》に由来するが、これを潔しとしない勢力があったようで、この駅に明治三十年（一八九七）に乗り入れた豊川鉄道が二年後に自前の駅舎を設けるや、わざわざ吉田と改称したのがその証左ではないだろうか。

三河安城駅（新設　愛知県安城市三河安城町一丁目）

豊橋〜名古屋間に新駅を要望する声が高まり、昭和六十三年（一九八八）に東海道本線との交差地点に設置されている。珍しく国名を採用した「三河《みかわ》駅」の仮称で工事が始まったが、所在市名を尊重する形で三河安城《あんじょう》と決まる。請願駅で事業費の半分を安城市が出していることと無関係ではないだろう。ちなみに「新安城駅」は名古屋鉄道に以前から存在しており、当初から選択肢にはなかったようだ。

名古屋駅（在来線に併設　名古屋市中村区名駅《めいえき》一丁目）

古くは那古野、名護屋、名古屋と何通りかの表記が存在した。江戸期は尾張徳川家の大城下町で、金の鯱を戴く名古屋城（米軍機による空襲で焼失）で知られている。明治十九年（一八八六）の官営鉄道の開業時は郡区町村編制法下の「名古屋区」にありながら「名護屋」停車場と命名された。地名表記がまだ確定していなかったようで、早くも翌二十年には現在の名古屋に改められている。所在地は明治期から長らく笹島《ささしま》町であったが、昭和五十二年（一九七七）の住居表示の実施で、町名は駅の通称そのままの「名駅」に改められてしまった。

岐阜羽島《はしま》駅（新設　岐阜県羽島市福寿町平方《ふくじゅちょうひらかた》）

当初は予定になかった名古屋〜米原間に設置された駅であることから「政治駅」とレッテルが貼られてしまったが、元はといえば在来線に併設された名古屋駅に十分なスペースがとれずホーム二面（四線）のみとなったため、列車の待避（追い抜き）スペースの確保に加え、伊吹山麓での雪害によるダイヤ乱れに対応するために岐阜県内での駅の設置が必要になったためとされる。岐阜県としても駅設置のメリットは大きく、そのあたりの調整に政治家の大野伴睦《ばんぼく》が関わり、銅像が建てられたことも誤解を広めたようだ。

駅名は昭和二十九年（一九五四）に竹ヶ鼻町など計十町村の合併で誕生した羽島市によるが、元となった羽島郡という郡名は明治三十年（一八九七）に羽栗《はぐり》郡と中島《なかしま》郡が合併した際に一字ずつ採った合成地名。その合併がなかったら岐阜羽栗になっていた可能性もありそうだ。岐阜の冠称は「県内の駅」を強調するためだろうか。

米原駅《まいばら》（在来線に併設　滋賀県米原市米原）

新幹線の当初構想ルートは鈴鹿山脈を貫く案もあったが、工期や予算の面に加えて北陸本線との接続を考慮して米原経由が決まった。米原はもともと彦根に隣接する入江村の大字に過ぎなかったが、明治二十二年（一八八九）に官営鉄道の米原停車場が設置され、北陸方面と東海道の交通の要衝となるに及んで「鉄道の町」となり、自治体名も町制施行時に入江村から米原町と改称されている。平成の大合併では隣接する山東《さんとう》町、伊吹町を併せ、エリアを拡大して米原市となったが、「まいはら」町から「まいばら」市に読みを変えたのも、知名度の高い駅名の威力であろう。

京都駅（在来線に併設　京都市下京《しもぎょう》区東塩小路《ひがししおこうじ》高倉町）

初代の京都停車場が開業したのは明治十年（一八七七）である。当時は線路そのものが現在より約二〇〇メートルほど北側を通っており、駅舎も現在の駅前ロータリーの北東角あたり。新幹線ホームのある位置は下京区の外、葛野《かどの》郡東塩小路村の田んぼであった。

最初に京都駅に接続したのは奈良鉄道（現ＪＲ奈良線）で、明治二十八年（一八九五）に官営鉄道の南側に並行したホームを設けたが、自前の駅ができた同三十年には駅名を「七《しち》条《じょう》」と改めている。官営鉄道はそのまま京都駅で変わっていないが、「七条停車場」の通称を持っていたことはよく知られている。奈良鉄道の待合所は東洞院通《ひがしのとういんどおり》に面しており、踏切を渡って北上すればすぐ七条であることをアピールしたのだろうか。大阪の通称「梅田停車場」とともに、地名階層と駅名の関係のあり方として興味深い。

新大阪駅（新設　大阪市淀川区西中島五丁目）

東海道新幹線の西のターミナルの候補地として①大阪駅、②東淀川駅、③宮原操車場、④梅田貨物駅の四か所を比較検討した結果、③の宮原操車場東端のデルタ線付近で決定した。東海道本線の上で交差する地点である。駅の西側では地下鉄御堂筋《みどうすじ》線とも接続したため都心への連絡は良い。大阪駅でない以上、新幹線の駅名として新大阪は妥当であろう。

東海道新幹線が開通した時点で新が付いたのは新横浜とこの新大阪のみであったが（その後新富士開業）、その後は山陽新幹線で「新付き駅名」が続出した（新神戸、新倉敷、新尾道《おのみち》、新岩国、新山口、新下関《しものせき》）。新幹線の駅名が、新しく遠距離旅客輸送の主役を担うべき駅であるというイメージが定着したからではないだろうか。

意外に多い「駅名に合わせた地名」

コラム1

駅名は「所在地の地名」を名乗るのが当たり前と考えられているようだが、その逆も意外に多い。つまり新たな駅名ができた後で、所在地の地名を駅と同じものに変えてしまう事例だ。駅名は毎日のように通勤通学で利用されるため年月を経ると「通称地名」になりやすく、それがたとえば住居表示の実施や町名地番整理事業など地名を整理統合しようとする際に利用されるのである。

第二章の「駅名と地名の関係」でも言及したが、山手線の駅名のうち五反田、恵比寿、高田馬場、目白、大塚（町名は北大塚・南大塚）の各駅の所在地は従来の大字の地名ではなく駅名に合わせたものだ。首都圏では他にも東京都世田谷区上北沢町の一部を改称した桜上水（京王線桜上水駅）、世田谷区世田谷・赤堤の各一部を割いて設定された豪徳寺（小田急豪徳寺駅）、同区玉川尾山町を改めた尾山台（東急大井町線尾山台駅）、目黒区上目黒・中目黒の各一部を変更した祐天寺（東急東横線祐天寺駅）など数多い。

同じく東横線の大倉山駅付近も同様だ。つい最近まで横浜市港北区太尾町《ふとお》（開通当初は橘樹《たちばな》郡大綱《おおつな》村大字太尾）で、江戸時代以前から太尾村として続いていた土地である。東京横浜電鉄が大正十五年（一九二六）に開通した際には太尾駅が設置されたが、実業家の大倉邦彦が駅の近くの山上に大倉精神文化研究所を昭和七年（一九三二）に建設、梅園の観光開発も目論んだという電鉄によって同年に大倉山駅と改称された。大倉山駅は私も自宅の最寄り駅として大学生の頃に利用した懐かしい駅である。

歴史的な太尾町の地名は平成に入っても継続していたが、誰が言い出したのか町名を大倉山に変更しようとする動きが出た。結果的に平成十九年（二〇〇七）には全域が大倉山に変更されている。私も引っ越した四半世紀も後で詳しいことは知らないが、住民アンケートでは変更に賛成が六五パーセント、反対が三〇パーセント（『タウンニュース港北区版』）とのことで、一応は「民主的手続き」を経たということなのだろう。おそらく専門家が関わらない浅慮そのものの地名政策で歴史的な地名は失われてしまったが、それだけ駅名の影響力は強いという証拠でもある。

西武新宿線の花小金井駅の所在地も、もとは北多摩郡小平村大字野中新田与右衛門組《のなかしんでんよえもんぐみ》であったのを、「小金井へお花見に行くならこの駅で下車してね」とばかりに花小金井という駅名を創造した。今では小平市花小金井、花小金井南町に変わって半世紀以上になるが、新田開発の歴史を伝えていた野中新田与右衛門組の地名は昭和三十七年（一九六二）に消えている。

第十章で紹介する和歌山県の高野口《こうやぐち》町（現橋本市）も、名倉村を明治四十三年（一九一〇）に改称したもので、口の付いた駅名がそのまま自治体名になるのはさすがに珍しいが、町当局も当時は高野山観光でやっていく決意を固めたのだろう。

明治二十二年（一八八九）に実施された町村制施行の以前に開通していた鉄道はまだ少ないが、愛知県の官営東海道鉄道（現東海道本線）に岡崎駅が設置されたのはその前年の同二十一年九月で、岡崎の市街地から南に三キロほども離れた額田《ぬかた》郡柱《はしら》村であった。翌年の町村制では停車場が建設された柱村の他に戸崎《とさき》・羽根《はね》・若松・針崎《はりさき》を合わせた五村が合併したが、その新しい行政村はなんと岡崎村。その理由は岡崎停車場が設置されたからだという。紛らわしいが岡崎城下町の方は額田郡岡崎町として町制施行されているので、岡崎町（大正五年市制施行）の南に岡崎村が隣接するという状況は、昭和三年（一九二八）に岡崎村が岡崎市に編入されるまで続いた。

実はその南隣の幸田《こうた》町も駅名にならった町名だ。元は明治三十九年（一九〇六）に三村が合併した際に広田《こうた》川の名を採用して広田村としたが、同四十一年に東海道本線に幸田《こうだ》駅が設置された。本来は「広田駅」とすべきだろうが、会津の岩越《がんえつ》線（現磐越西線）に広田《ひろた》駅がすでに存在したための措置だろう。これにより広田村議会では「鉄道停車場名ヲ其ノママ本村名ニ応用スル」（『角川日本地名大辞典』より）として幸田村に表記を変えた。駅名の重複回避措置が自治体名にも影響を及ぼしたのである。

第六章　神社仏閣の駅名

神社仏閣へ詣でるための鉄道

今では正月の重要なイベントとして定着した初詣。行かないと落ち着かない人は少なくない。しかしその多くはすぐ近所の小さな神社など目もくれずに、わざわざ電車に乗って明治神宮や成田山新勝寺、住吉大社などの大きな寺社の人混みの中に身を置きたがるのはなぜだろう。何十人もの頭越しにお賽銭を投げる方も特別感に高揚しているだろうし、それを受け止めるべく巨大な臨時賽銭箱をしつらえる方も正月特需、いや特別な態勢でお迎えしている。

汽車や電車の黎明期である明治までの時代といえば、乗り物で通勤通学するといったライフスタイルはまだ確立されていなかった。職場や学校へ通う人は多くが歩いて行ける範囲だっただろうし、徒歩圏外の「上の学校」へ行く人はごくごく少数に過ぎなかったのである。そんなわけで、初めて鉄道が開通した地域というのは、それまで「鉄道なしの生活」が当たり前だった。だからこそ、その便利さと魅力を実感してもらうために、鉄道会社としては何らかのきっかけが欲しかった。

そこで、たとえば関東で初めて営業運転をした電車である大師電気鉄道（現京浜急行電鉄）は、明治三十二年（一八九九）に川崎の六郷橋《ろくごうばし》近くから川崎大師へ至る路線の開業日に一月二十一日を選んだ。この日は「初大師」で、近郷近在から多くの人がここへ詣でる日を狙ったものである。東海道本線は明治五年（一八七二）にすでに開通しており、川崎停車場から大師までの三キロ足らずの道を徒歩で、もしくは少し懐に余裕のある人は人力車で向かったという。大師電気鉄道が川崎停車場を起点としなかったのは、ドル箱の川崎停車場～大師間の客をごっそり奪われたら商売あがったりだ、という人力車組合と談判して妥協した結果である。

江戸時代に庶民に許された旅行といえば、神社仏閣への参拝であった。もしくは霊峰への信仰登山である。その名目があれば途中や帰路に遊んで多少羽目を外したりするのはお構いなしだったようで、人口の多くを占めていた農村部からは、主に農閑期を利用して皆さんけっこうな長旅を実行していた。「産業道路」でもある東海道などの主要街道はもちろんだが、参詣客がたどった道はそれなりに賑わいを見せ、店なども集まったのである。

近代に入って鉄道が登場する際も、明治は江戸からの「地続き」であるから、まったく一から新しいルートが利用されるはずもなく、線路の多くは人やモノの流れに沿って敷設された。参詣の道も人の流れは多く、神社仏閣を目指す鉄道・軌道は明治期から盛んに建設されている。

思いつくものを挙げてみても、成田山新勝寺へ向かう成田鉄道（明治三十年に佐倉〜成田間など。現JR成田線）、伊勢神宮を目指すその名も参宮鉄道（明治二十六年に津〜宮川《みやがわ》など。現JR紀勢本線・参宮線）、金比羅《こんぴら》参りの道に沿った讃岐鉄道（明治二十二年に丸亀〜多度津《たどつ》〜琴平など。現JR予讃線・土讃線）、電気鉄道（軌道）では前述の大師電気鉄道の他に千葉県初の電車である成宗《せいそう》電気鉄道（明治四十三年に成田駅前〜成田山門前など。昭和十九年に廃止）など全国に多く敷設された。これは電気ではなく人が押す原始的な乗り物だが、葛飾柴又《かつしかしばまた》の帝《たい》釈天《しゃくてん》への参詣客を運ぶために常磐線の金町《かなまち》停車場から南下していた帝釈人車鉄道（明治三十二年。後に京成電気軌道が買収、現京成金町線の一部）など軌道線も数多い。

主な目的地としてはいなくても、少し遠回りして有力寺社に立ち寄ることで集客力の増強を狙った例もあり、たとえば東武鉄道は当初計画では北千住からまっすぐ北上して草加《そうか》を目指していたものを、西新井《にしあらい》大師の近くをわざわざ遠回りするルートに変更した。こちらは昭和六年（一九三一）に、さらに大師に近い大師前駅まで支線を敷設している（上板橋を結ぶ路線の一部）。

比較的少ない国鉄の「寺社駅」

乗客数における参詣客の割合が相対的に大きかった戦前期には、当然ながら神社仏閣の名を用いた駅名が多く誕生した。武蔵国一ノ宮である氷川《ひかわ》神社の門前町である大宮駅や、四天《してん》王寺《のうじ》の上略形である大阪の天王寺駅など有力寺社の名もしくはその代名詞がそのまま実際の村名となった場合を除いても数多い。

まずは国鉄－ＪＲの駅名を観察してみると、日本で初めて採用された寺社関連の駅は、後に東海道本線の一部となった官営鉄道の稲荷《いなり》駅（現ＪＲ奈良線）である。開業は明治十二年（一八七九）で、稲荷といえば伏見《ふしみ》稲荷大社に決まっているではないか、という威厳さえ感じられる命名だ。所在地は伏見の稲荷御前《おんまえ》町（現京都市伏見区深草稲荷御前町）で、駅を出ればすぐ大社の大鳥居が聳えている。

伏見ついでに、西武新宿線の東伏見駅（西東京市）は昭和四年（一九二九）に東伏見稲荷神社が伏見から分霊を勧請して創建されたのに伴って上保谷《かみほうや》駅から改称した。神社の敷地はもと西武鉄道（旧）が所有していたもので、約二・三ヘクタールが無償貸与された。沿線に集客のための施設が欲しい私鉄は大正から昭和戦前期にかけて大学を誘致し、遊園地を作るなど積極的に沿線開発を進めていたが、旧西武もここで稲荷の他に早稲田大学に運動場用地を寄付している。地名はその後もしばらく上保谷のままであったが、昭和四十一年（一九六六）に東伏見が正式の町名（保谷町→保谷市→西東京市）となった。

国鉄の話に戻るが、もうひとつ古い例としては関西本線の法隆寺駅がある。法隆寺は村名でもあるので純粋な「寺名の駅」とは言えないかもしれないが、駅の所在地が隣村の富郷村《とみさと》大字興留《おきどめ》にもかかわらず、やはり著名な寺の名を選んだのは、当初の大阪鉄道（後に関西《かんせい》鉄道）という私鉄の立場として、乗客確保の観点からこの駅名は賢い選択だったのではないだろうか。

明治三十九年（一九〇六）に施行された鉄道国有法以降の旧国鉄の駅で、寺社の名称をとったものは意外に少ない。福知山線の中山寺《なかやまでら》駅（兵庫県宝塚市・明治三十年――当初は中山駅、大正四年に改称）、大社《たいしゃ》線（廃止）の大社駅（島根県出雲市・明治四十五年）、予讃《よさん》線の海岸寺駅（香川県仲多度《なかたど》郡多度津《たどつ》町・大正二年）、小浜《おばま》線の松尾寺《まつのおでら》駅（京都府舞鶴市・大正十一年）、日豊《にっぽう》本線の霧島神宮駅（鹿児島県霧島市・昭和五年）、紀勢本線の道成寺《どうじょうじ》駅（和歌山県御坊市・同年）、高山本線の禅昌寺《ぜんしょうじ》駅（岐阜県下呂《げろ》市・昭和六年）などが数少ない戦前の例だろうか。もちろん有力な寺社であれば中山寺（宝塚市中山寺・福知山線）や山寺《やまでら》（山形市山寺・仙山《せんざん》線）、紀三井寺《きみいでら》（和歌山市紀三井寺・紀勢本線）などのように地名になっていることも少なくないので、駅名が地名と寺社名のどちらを採ったか判断できないこともある。

昭和十八年（一九四三）に東海道本線に設置された笠寺《かさでら》駅は笠寺観音（笠覆寺《りゅうふくじ》）の近くに設けられてはいるが、こちらは参詣用というよりは、時節柄で海側の軍需工場への従業員輸送用の意味合いが強く、地名を採用した駅名と解釈した方がいいかもしれない。

厳密には神社仏閣というわけではないが、山陽鉄道（山陽本線の前身）は明治三十四年（一九〇一）、金光教《こんこうきょう》本部の最寄りに金神《こんじん》駅を設置した（現岡山県浅口《あさくち》市）。金光教の救いの神「金神」から採ったものである（大正八年に金光と改称）。「平成の大合併」で浅口市となる以前の金光町は宗教を名乗る珍しい自治体であったが、これは大正十二年（一九二三）以後のことで、金神駅が設置された時は浅口郡占見《うらみ》村であった。

なお、戦後にできた国鉄の「寺社駅」としては、日豊本線の宮崎神宮駅が昭和二十九年（一九五四）に花ヶ島駅から改称して誕生、同三十二年には奈良線に東福寺駅ができた（京阪の同名駅に接続）。さらに同三十九年には土讃線に円行寺口《えんぎょうじぐち》駅、同四十五年に鹿島線の鹿島神宮駅、同六十三年に香椎《かしい》線の香椎神宮駅が開業している。

非常に多い私鉄の寺社駅名

もともと国の基幹交通である幹線と、それを補完して地方交通の便に供する支線という位置付けの国有鉄道は、通常の旅客貨物の動きを最適化する課題はあっても、あえて神社仏閣への参詣者を乗客に取り込むといったモチベーションは生じにくい。しかしこれが私鉄となれば乗客の多寡は会社の業績に直結するため、少しでも乗客を増やして増収に繋げるのは必然であった。

有力寺社であれば、そこへの参詣客を主なターゲットとして鉄道や軌道を敷設したことは前述したが、そうでなくても途中に神社仏閣があれば私鉄は積極的に駅を設置して利用者の便を図っている。現存する日本最古の私鉄である南海電鉄は、明治十八年（一八八五）に阪《はん》堺《かい》鉄道として難波～大和川（北岸・廃止）間を開通させた際に住吉停車場を設置している。多くの参詣客が汽車を利用し、特に例祭の時期には大混雑したという。同二十五年には現在の私鉄では最初期に複線化も実現させている。住吉停車場は現在の住吉大社駅の少し北側にあったのだが、当初は地名の「住吉」のみで大社も何も付けなかったのは、その時期には寺社名の駅がどこにも存在しなかったからかもしれない。それとも、圧倒的な知名度の高さゆえだろうか。

概観したところ、寺社名が駅名に採用され始めるのはおおむね明治三十年代である。路線網が全国各地に張り巡らされて鉄道旅行が一般化し、寺社に詣でるのに汽車を利用するのが当たり前になってきた背景もあるだろう。この時期ならではの『鉄道唱歌』が上梓され、空前のベストセラーになったのも明治三十三年（一九〇〇）のことであった。

古いものからざっと挙げてみると、南海高野《こうや》線の前身である高野鉄道が例祭時の臨時停車場として百舌鳥《もず》八幡《はちまん》駅を明治三十三年に設置し、その後常設駅としているし、河南《かなん》鉄道（現近鉄長野線）に滝谷《たきだに》不動《ふどう》駅が同三十五年（一九〇二）に設置されている。「買収私鉄」なのでこちらに含めるが、岡山県の中国鉄道（昭和十九年に買収、現ＪＲ津山線）には岡山駅の隣に法界院《ほうかいいん》という駅が明治三十六年（一九〇三）に仮停車場として開業以来の歴史をもっている（法界院という現町名は駅設置後の昭和四十八年）。また同鉄道には明治三十七年（一九〇四）に稲荷駅も設置された。現在では備中《びっちゅう》高松と改称されているが、最上《さいじょう》稲荷の最寄り駅である。

大正・昭和戦前期が私鉄寺社駅の設置ピーク

大正期には明治の頃に増して鉄道建設が盛んに行われるようになったが、特に第一次世界大戦後は世の中挙げて観光ブームとなる。余暇のある勤め人階層が急増したこともあるが、私鉄の路線が建設されることになれば、必ずと言っていいほど沿線の有力な寺社を名乗る駅が誕生した。

大正六年（一九一七）七月に鉄道院が京成電気軌道（現京成電鉄）の運輸状況を調査した復命書が国立公文書館に所蔵されているが、柴又帝釈天の縁日における特別輸送態勢が記されていて興味深い。当時の京成は押上《おしあげ》～船橋間の本線（以遠は未開業）と高砂～柴又～金町間の支線から成っていたが、特別輸送態勢では押上～柴又間に大型車両を優先投入して輸送量を倍増させる一方、その他の区間には小型電車を回して最低限にとどめ、とにかく参詣客最優先で臨んだようだ。それだけ有力寺社の参詣客は私鉄にとってありがたい存在だったのである。

大正から昭和初期に開通した東京近郊の私鉄の駅名を見れば、目黒蒲田《かまた》電鉄（現東急目黒線）には目黒不動前駅（現不動前）、東京横浜電鉄（現東急東横線）には祐天寺《ゆうてんじ》駅、九品仏《くほんぶつ》駅（初代＝現自由が丘）、妙蓮寺前《みょうれんじまえ》駅（現妙蓮寺）の三駅、小田原急行鉄道（現小田急小田原線）には代々木八幡駅と豪徳寺《ごうとくじ》駅、湘南電気鉄道（現京急）逗子線には神武寺《じんむじ》駅、西武鉄道村山線（現西武新宿線）には新井薬師前《あらいやくしまえ》駅と前述の東伏見駅、京成電気軌道は大神宮下《だいじんぐうした》駅と宗吾《そうご》参道《さんどう》駅を設置した。

京阪神方面では北大阪電気鉄道（現阪急京都本線）が崇禅寺《そうぜんじ》駅、これを合併した新京阪鉄道（現阪急京都本線）に長岡天神駅、同鉄道嵐山線には松尾神社前駅（現松尾大社駅）、阪急西宝《さいほう》線（現今津線）には門戸厄神《もんどやくじん》駅、吉野鉄道（現近鉄吉野線）吉野神宮駅など数多い。阪和電気鉄道（現ＪＲ阪和線）にも臨南寺《りんなんじ》前駅、我孫子《あびこ》観音前駅、仁徳御陵《にんとくごりょう》前駅（これは「寺社」ではないが）の三か所が設置されたが、興味深いことに昭和十九年（一九四四）に戦時買収された際にそれぞれ長居駅、我孫子町駅、百舌鳥《もず》駅と地元の地名に改められている。私鉄であれば増収のために寺社を名乗るのも許されるが、「国有鉄道たるもの地元の地名を名乗るべき」とする規範意識が存在したようだ。

私鉄には伝統的に寺院名を標示する駅が多い。京阪電気鉄道本線東福寺駅

　寺社名であってもひとたび駅名に採用されるや大きな影響を持つ。特に戦後の住居表示法で町の統廃合などが行われた際、いくつもの寺社名由来の駅名がそのまま町名となった。たとえば世田谷区豪徳寺（昭和四十一年）、目黒区祐天寺（昭和四十三年）、西東京市東

伏見（昭和四十一年・当時は北多摩郡保谷町）、長岡京市天神（昭和五十年）などがそれである。

三駅連続で「寺社駅」が並んだ鳴門線

昭和八年（一九三三）に国有化された阿波電気鉄道（現JR鳴門線）は寺社関連が三駅連続する珍しい路線であった。昭和二十三年（一九四八）までであるが、教会前駅、金比羅《こんぴら》前駅、蛭子《えびす》前駅が連続していた。最初の教会前駅は現存する天理教会で、開業当初は「天理教会前」。次の金比羅前駅はすぐ近くに金刀比羅神社があり、蛭子前駅の近くには事代主《ことしろぬし》神社（エビスを祀る。昭和八年までは「ゑびす前駅」）がある。所在地はいずれも鳴門《なると》市撫養《むや》町で、大字名はそれぞれ木津、木津、南浜だが、それらが駅名に採用されていないのは、参詣客を少しでも多く獲得するための会社の方針だったのではないだろうか。このうち蛭子前駅は昭和二十三年（一九四八）に撫養駅と改められた。

余談だが、この阿波電気鉄道は電化のメドが立たず、後に阿波鉄道と改称している。国鉄も県内すべての路線が非電化で現在に至っているため、日本の四十七都道府県でこれまで一度も電車が運転されたことがないのはこの徳島県だけだ。

その阿波電気鉄道の例で象徴的なのが、寺社名がいずれも正式名称ではなく通称ということである。金刀比羅神社前や事代主神社前よりも、金比羅前、蛭子前の方が通りが良いからだろう。利用者にとって馴染みのあるものを採用するのは当然である。名古屋の熱田神宮の最寄り駅として愛知電気鉄道（現名古屋鉄道）が「神宮前」という駅を設置したのも、名古屋で「神宮」といえばここしかない、ということだ。これが東京なら神宮前（現表参道・地下鉄銀座線）駅は明治神宮になる。京成の大神宮下駅の大神宮も「意富比《おおひ》神社」だ。

第七章　数多い「前の駅」

駅名で学校や公園、市役所などの公共施設、会社や工場、商店、遊園地などを名乗るものは多い。東京の地下鉄路線図をざっと見渡しても、代々木公園（千代田線）、板橋区役所前（三田線）、後楽園（丸ノ内線・南北線）、東大前（南北線）、都庁前（大江戸線）、新宿御苑前（丸ノ内線）、国会議事堂前（丸ノ内線・千代田線）、三越前（銀座線・半蔵門線）、築地市場（大江戸線）などさまざまな施設等を名乗る駅がある。「前」の有無はいろいろだが、その区別が遠近の区別というわけでもないから、いずれもここでは「前の駅」として同列に扱うことにしよう。なお神社仏閣に関連する駅については前章で扱ったのでここでは含めない。

市役所前と区役所前

多くの利用者が出かける目的地に近い駅であれば、地名よりも施設名の方が助かる。このため戦前から所在地の地名などを押しのけて「前の駅」が多く名づけられてきた。このうち現在では最も多いのが「市役所前」なのだそうだ。

単に「市役所前」を名乗るものは千葉都市モノレール、長野電鉄（地下線）、紀州鉄道（和歌山県御坊市）、停留場では函館市電、豊橋鉄道東田《あずまだ》本線（路面）、広島電鉄宇品《うじな》線、伊予鉄道城南線（松山市内線）、鹿児島市電にあり、熊本市電もかつてはこの仲間だったが、今では「熊本城・市役所前」と名所を加えている。前を付けず「市役所」なのは名古屋市営地下鉄名城線。

市名を冠したものでは、掛川市役所前（天竜浜名湖鉄道）、関市役所前（長良川鉄道）、羽島《はしま》市役所前（名鉄竹鼻線）、各務原《かかみがはら》市役所前（名鉄各務原線）、瀬戸市役所前（名鉄瀬戸線）、大津市役所前（京阪石山坂本線）、京都市役所前（市営地下鉄東西線）、貝塚市役所前（水間鉄道）、廿日市《はつかいち》市役所前（広島電鉄宮島線）、前が付かないものでは南陽市役所（山形鉄道フラワー長井線）がある。もっとも全国に七百九十二市（令和二年一月現在）もあるのだから、意外に少ないのかもしれない。「市レベル」の東京都特別区では前出の板橋区役所前に加えて都電荒川線に荒川区役所前がある。

県庁前という駅も意外に多く、千葉都市モノレール、神戸市営地下鉄西神《せいしん》・山手《やまて》線（兵庫県庁）、広島市のアストラムライン、沖縄都市モノレール、富山地方鉄道富山市内軌道線、高知市のとさでん交通、伊予鉄道城南線（松山市内線）にある。一見して地下鉄や新交通、路面電車に目立ち、かつては県庁前停留場を起点とする新潟交通のかぼちゃ色の電車が、ここからしばらく路面を走り、白根《しろね》や燕《つばめ》方面へ向かっていたが、晩年は県庁移転に伴って白山前《はくさんまえ》と改称、平成四年（一九九二）には全線廃止されてしまった。冒頭でご紹介した東京の都庁前ももちろんこの仲間である。都電が健在の頃は有楽町駅付近に都庁前停留場があった。ちなみに京都と大阪の府庁にちなむ駅・停留場はない（かつて市電にはあった）。

政令指定都市の区役所は管轄が比較的狭いためか単なる「区役所前」はないが、東区役所前（札幌市営地下鉄）、中央区役所前（札幌市電）、広島電鉄には南区役所前と佐伯区役所前がある。「前」を付けない方針があるらしい名古屋市営地下鉄は中村区役所、瑞穂区役所（桜通線）、港区役所（名港線）の三か所と、全国の地下鉄の中でも突出している。

伝統的に目立つ大学駅

鉄道で通学する学生・生徒は多いから、やはり学校名の駅があるのは不思議ではない。神社仏閣と同様に正式名称ではなくて通称が目立つのは、駅名として長過ぎないように配慮したこともあるだろう（表7）。

路面電車の停留場を除けば、大学を名乗る駅として最も古いのが阪急千里《せんり》線の関大《かんだい》前駅で、その前身の大学前駅は大正十一年（一九二二）に設置されている。関西大学が予科とともにこの年四月に吹田市の現在地（当時は三島郡千里《ちさと》村）へ移転したのに伴うもので、当時は北大阪電気鉄道であった。大学の郊外移転はまだ珍しく、東京では学習院が明治四十一年（一九〇八）に目白台へ、立教大学が大正七年（一九一八）に池袋へそれぞれ移転（当時は両地とも郡部）した後ではあるが、「郊外電車」が新たに駅を作ったのはこれが嚆矢《こうし》である。

なお路面電車では明治四十三年（一九一〇）三月に福岡市に大学前停留場が設置されたのが初めての例だろうか。現在の九州大学医学部に近い場所で、福博《ふくはく》電気軌道（後の西鉄福岡市内線）の路線である。九州帝国大学創立の前年であるが、すでに京都帝国大学福岡医科大学があった。東京では帝国大学に面した現在の本郷通りに東京市電の路線が敷設された大正二年（一九一三）三月に大学赤門前と大学正門前の二か所が設置されている。

そもそも戦前は大学そのものが少なく、現在の新制大学にあたる学校も当時は旧制高等学校や師範学校、商工業や医学、薬学などの専門学校が多くを占めていた。このため関西大学の目の前に設置した駅ではあっても、固有名詞なしの「大学前」で十分だと考えたのかもしれない。固有名詞の大学名を略称ながら初めて駅に採用したのは明大前駅だろうか。杉並区への予科移転に伴って昭和十年（一九三五）に帝都電鉄西松原駅の位置に京王電気軌道の松

遠くへ移転しても大学名を名乗り続ける駅。東急東横線の都立大学駅

原駅が移転、両社統合の新たな明大前駅として誕生したものだ。

ちなみに大学以外の旧制高等教育機関の駅としては、東京横浜電鉄（現東急東横線）に同社の誘致に基づく府立高等前駅（昭和六年）と青山師範駅（昭和十一年）が柿ノ木坂駅と碑文谷《ひもんや》駅をそれぞれ改称して登場している。その後は名称変更に伴って駅名も都立高校駅、第一師範駅などを経て戦後は新制大学名の発足後に駅名を都立大学、学芸大学と変更して現在に至っている。

周知の通り大学はとっくの昔に移転してしまったため、駅名に惑わされて慣れない受験生が迷い込むこともあるそうだ。ところが東急が地元住民に改称の是非をアンケートしたところ、「地元の地名などに改称すべき」との回答はそれほど多くなかったそうで、今後も改称は行わないという。これは「大学街」として駅名そのものがブランドになった証拠ではないだろうか。ちなみに首都大学東京は令和二年（二〇二〇）四月に旧称の「都立大学」に戻るため受験生の誤解を招く事態があるかもしれないが、入試要項を正しく読めない人は門前払いされても仕方ないだろう。

なお、京王線にあった日大前駅は下高井戸駅を昭和十三年（一九三八）に改称したものだが、戦時中の昭和十九年（一九四四）に東京急行電鉄として統合された際に東急下高井戸支線（現世田谷線）の方に合わせて下高井戸に戻ったため、六年あまりの短命に終わっている。

大学を名乗っていないものでは、関東での古株が小田急の成城学園前駅（昭和二年）と玉川学園前駅（昭和四年）である。今でこそ成城大学があるが、当時は旧制の成城高等学校であった。玉川学園に当時高等学校はなく、大学が設置されたのは昭和二十二年（一九四七）である。

最近になって急増する大学駅

戦後は学制が変わって大学が激増したが、大学前の駅はしばらくの間それほど増えなかった。高松琴平電鉄長尾線の沿線に香川県立農科大学が設置されたのに伴って昭和二十五年（一九五〇）に田中道《みち》駅を「農大前」と改め、国立香川大学農学部に移管された同三十三年に農学部前と再改称したが、その後は路面電車の停留場がいくつか設置（改称）されたものの、昭和四十〜五十年代には昭和四十一年（一九六六）に長野県の上田丸子《まるこ》電鉄（現上田電鉄）別所《べっしょ》線下本郷《しもほんごう》駅が本州大学前（現大学前）に改称、また同年に石川県の野々《のの》市工大《いちこうだい》前駅が同年九月に高専前から改称された程度でそれほど多くはなかった。ちなみに「野々市工大」という大学があるわけではなく、野々市にある金沢工業大学である。

大学駅が目立ってくるのは八〇年代に入ってからだ。石油ショック後の低成長を迎え、大学進学率と大学生数がしばらく横這いを続けていた頃である。この頃から都市政策的に大学が工場とともに郊外の広いキャンパスへと移転する傾向が強まったことも関係しているだろう。巻末の**表7**によれば既存の駅を改称するものより、新線または路線上に新たに設置したものが目立つ。東北本線の自治医大（昭和五十八年）、越後線の新潟大学前（同五十九年）、神戸市営地下鉄の学園都市（同六十年）、昭和六十一年（一九八六）には福岡市営地下鉄に箱崎九大前などが誕生した。

この傾向は平成に入ってからも続くが、最も多かったのは二〇〇〇年代つまり平成十二年から二十一年までである。平成十二年（二〇〇〇）に福島学院前、印旛《いんば》日本医大、大塚・帝京大学、中央大学・明星《めいせい》大学、久留米《くるめ》大学前の五駅、同十四年に高崎商科大学前、北新《きたにい》・松本大学前、大分大学前という具合に過去にないスピードで新設が相次いだ（改称も含まれる）。

将来的な少子化が明確になった時代にもかかわらず、新学部の増設や校舎の新築は「今のうち」とばかりにむしろ強まった印象で、十八歳人口の長期的な減少がまさに数年後から始まるのが決まっていた平成二年（一九九〇）から大学の定員は増加に転じ、特に地方では定員割れの大学が目立ち始める。外国人労働者の隠れ蓑になったと指摘される地方の大学も相次いだ。そのあたりの環境の変化が「大学前」駅の急増にリンクしているのではないだろうか。

二〇一〇年代になると少し下火になったように見えるが、最も新しい横浜市の羽沢《はざわ》横浜国《こく》大《だい》駅（令和元年十一月三十日開業、相鉄・JR）に至るまで新設、改称による大学駅の増加は相変わらず続いている。大学の生き残りのためには、教育内容はともかく、少なくとも「交通の便」がハンディとならないよう、最寄りに線路があれば費用の一部を分担してでも駅の設置や既設の駅の改称で大学名を世に売り込む戦略に出ているのであろう。

駅の新設・改称で利便性を高めたい大学と、少しでも乗客数を確保したい点で利害が一致する鉄道会社は大学駅の新設・改称に積極的だ。特に目立つのは民営化後のJR九州による「大学駅」の新設である。同社の路線では鹿児島本線だけでも昭和六十二年（一九八七）のJR化後に教育大前、九産大前、九州工大前（改称）、熊本工大前（現崇城《そうじょう》大学前）、福工大《ふっこうだい》前（改称）の五駅、日豊本線には小波瀬西工大前《おばせにしこうだい》（改称）、久大本線に久留米大学前、豊肥《ほうひ》本線に大分大学前、筑肥《ちくひ》線に九大学研都市と計九駅にも及んでいる。

平成に入ってからの改称駅は首都圏でも少しずつ現われており、平成十年（一九九八）には小田急江ノ島線の六会《むつあい》駅（神奈川県藤沢市）が六会日大前に、同十六年には京急本線の京急安浦《やすうら》駅（同横須賀市）が県立大学に、同二十九年に東武伊勢崎線の松原団地駅（埼玉県草加市）が獨協《どっきょう》大学前にそれぞれ改められている。

元号が改まった令和元年（二〇一九）十月一日には関西で一気に三駅が改称された。阪急宝塚線の石橋駅（大阪府池田市）が石橋阪大《はんだい》前、阪神本線の鳴尾《なるお》駅（兵庫県西宮《にしのみや》市）が鳴尾・武庫川《むこがわ》女子大前、京阪本線では深草《ふかくさ》駅（京都市伏見区）が龍谷大《りゅうこくだい》前深草へそれぞれ変更したが、従来の駅名を残しつつ大学名を加えた形で、鳴尾駅の改称について阪急阪神ホールディングスでは「当社と包括連携協定を締結した武庫川女子大学の最寄り駅であり、今後、地域と共により一層の沿線活性化を図るため」、石橋駅の改称については「駅周辺の活性化と大阪府北部の北摂《ほくせつ》地域の価値向上を図るため」としている。

全国の大学駅の急増から見えてくるのは、減少を続ける若者の争奪戦に加えて、高齢化の進む住宅地の活性化への切実さだ。特に東武伊勢崎線の松原団地駅（昭和三十七年開業）から獨協大学前駅への変更は、まさに人口が急増して経済も右肩上がりだった「団地の時代」から半世紀以上を経て、まさに本格的な少子化時代に到達するまでの社会構造の変化を象徴しているように思えてならない。

地方では中学・高校も

同様に近年経営の厳しさを増す地方私鉄で、中学や高校の最寄り駅の新設もしくは学校名への改称が目立つようになってきた。私がひとつずつ数えて四十五か所あった小中高校に関連する駅と停留場のうち二十か所が平成以降、そのうち十八か所が二〇〇〇年代になってからであるから、その「過熱」ぶりがわかる。

大学駅の設置に熱心なJR九州では前述の大学駅以外に高校もその対象に広げたようで、久留米高校前（久大本線）、神村《かみむら》学園前（鹿児島本線）、糸島《いとしま》高校前（筑肥線）の三駅を新設している し、青森県の弘南《こうなん》鉄道では八〇年代から柏農《はくのう》高校前、義塾《ぎじゅく》高校前、尾上《おのえ》高校前、弘《ひろ》前東《さきひがし》高前（東工業高前を改称）、聖愛《せいあい》中高前（城南を改称）の各駅を次々と登場させている。

これは国鉄から第三セクターに移管された鉄道にも目立ち、もと会津線の会津鉄道が田島《たじま》高校前駅（福島県・田部原《たべはら》駅を改称）、真岡《もおか》線から移管された真岡鐵道が下館《しもだて》二高前駅（茨城県）、信越本線の一部を引き継いだしなの鉄道が屋代《やしろ》高校前駅を開業、若桜《わかさ》線の後身の若桜鉄道には八頭《やず》高校前駅が新設された。また国鉄の予定線であった宮福線（現京都丹後鉄道）

にも大江高校前駅が新設されている。平成二十年（二〇〇八）開業の日暮里・舎人《とねり》ライナー（東京都交通局）には、日本の駅では唯一となる「小学校駅」の赤土《あかど》小学校前駅が登場した（停留場では札幌市電などにある）。

新田の出資者から実業家まで「人名の駅」

コラム2

かつて助兵衛《すけべえ》新田という地名があった。現在で言えば静岡県沼津市の西部で、もとは遠州浪人であった鈴木助兵衛さんが寛永年間（一六二四〜四四）に開発した新田であるが、明治に入ってスケベはいかがなものかと、当時盛んになり始めた桃の栽培にちなんで明治四十一年（一九〇八）に桃里《ももざと》と改称して現在に至っている。ちなみにスケベとは江戸時代に上方で使われ始めた語で、好色な人を「好兵衛《すきべえ》」と呼んだのが転じたのだという。

それはともかく、江戸時代に盛んに開発された新田には開発者や出資者にちなむ人名が付けられたため、その意味では日本に人名由来の地名は少なくないが、それほど駅名にはなっていない。新田開発では宝永四年（一七〇七）に鴻池《こうのいけ》善右衛門が開発した新田による鴻池新田駅（片町線・東大阪市）が有名だ。明治四十五年（一九一二）に住道《すみのどう》〜徳庵《とくあん》間の新駅として設置されたが、『角川日本地名大辞典』によれば、大阪の富商である鴻池家が一切の設置費用を負担したことにより鴻池新田の駅名となったそうだ。開業三年前の同四十二年に大字名が鴻池新田から鴻池に改称されていたが、駅名は今に至るも古来の地名を名乗り続けている（現在の住所は東大阪市西鴻池町）。

川崎市を走る京急大師線の終点は小島新田駅だが、『川崎の町名』（川崎市）によれば、江戸時代の稲荷新田の名主であった小島六郎左衛門《ろくろうざえもん》が開拓したことにちなむ小字名が駅名になった。かつての大師河原村大字稲荷新田字小島新田は現在川崎区小島町となっており、その大半が日本冶金工業の工場敷地である。駅はその西側の田町にあるが、今では工業地帯の合間にひっそり佇むこの終着駅の名前だけが江戸時代を物語る存在だ。それよりはるかに時代を遡るのが函館本線の比羅夫《ひらふ》駅（北海道虻田《あぶた》郡倶知安《くっちゃん》町）。「日本書紀」に見える阿倍比羅夫《あべの》がこのあたりに政庁を置いた伝説にちなむという。

明治以降に活躍した人名に由来するものとしては、前述の小島新田にほど近いところを走る鶴見線に集中している。まずは起点の鶴見駅から四つ目の浅野駅は浅野総一郎の姓だ（終点の扇町《おうぎまち》駅は浅野家の家紋の扇に由来）。浅野セメントの創業者でも知られる実業家だが、欧米を視察してあちらの港湾で工業の充実ぶりに驚き、京浜工業地帯を自力で建設しようと途方もないことを企てる。そこに将来性を見て出資したのが安田善次郎である。浅野駅の隣にある安善《あんぜん》駅はその短縮形だ。

浅野総一郎の娘婿が日本鋼管（現ＪＦＥスチール）の創設者である白石元治郎《しらいしもとじろう》で、安善の隣にある武蔵白石駅の名に残っている（宮城県の白石《しろいし》駅と混同回避するため武蔵を冠称）。その場所から南下する支線の終点は大川《おおかわ》駅で、こちらは大川平三郎《へいざぶろう》にちなむ。抄紙会社（後の王子製紙）に十六歳で入り、そこからのし上がって各地で製紙工業を興し、自らも富士製紙の社長に就いた「製紙王」であった。

昨今ではそれだけ大きなスケールの「偉人」が出ないからか、人名を地名にすることはあまり見られない。それでも人名と地名は古来密接なので、たとえば田中駅と上田駅（しなの鉄道）、中村駅（土佐くろしお鉄道）、山田駅（京王高尾線など）、高橋駅（佐世保線）、山本駅（阪急宝塚線など）、小林駅（成田線など）、吉田駅（越後線など）、山口駅（山口線など）、松本駅（篠ノ井線など）など名字らしき駅名は枚挙にいとまがないが、なぜか名字の多さで双璧とされる佐藤・鈴木を名乗る駅はない。

これはまったくの蛇足だが、隣の駅名どうし繋ぐと人名になりそうなのが、鹿児島本線の小川有佐―小川駅（熊本県宇城市）・有佐《ありさ》駅（同八代市）、日豊本線の上岡直見―上岡駅・直見駅（双方とも大分県佐伯市）、重岡宗太郎《しげおかそうたろう》―重岡駅・宗太郎駅（同市）、四国の予讃線では春賀五郎―春賀《はるか》駅・五郎駅（愛媛県大洲《おおず》市）などがある。ひと駅で完結してしまうのは近江舞子駅（湖西線・滋賀県大津市）、吉川美南《みなみ》駅（武蔵野線・埼玉県吉川市）、「いいやまみつる」と読みそうな飯山満《はさま》駅（東葉高速鉄道・千葉県船橋市）。探せば他にもありそうだ。

第八章　東西南北と中、そして新

浦和に付いた東・西・南・北

全国の都道府県庁所在地の中で唯一のひらがな市であるさいたま市。平成十三年（二〇〇一）に浦和・大宮・与野《よの》の三市が合併して誕生したものだが、後に岩槻《いわつき》市も編入されて現在に至る。このうち県庁所在地だった旧浦和市内には浦和・東浦和・西浦和・南浦和・北浦和・中浦和・武蔵浦和・浦和美園と「浦和」の付く駅が八つもある。なぜこれほどまで揃ってしまったのかわからないが、できた順に駅の履歴をたどってみよう。

浦和駅が誕生したのは日本鉄道中仙道線（東北本線の一部・高崎線の前身）が上野〜熊谷間を開通させた明治十六年（一八八三）であるが、浦和に初めて「冠」が付いたのは約半世紀後の昭和十一年（一九三六）のことであった。北浦和駅である。その四年前に国鉄の京浜線がそれまでの赤羽から大宮まで運転区間を延伸、「東北・京浜線」となってからである。

次の駅は戦後の高度成長期。昭和三十六年（一九六一）に南浦和駅が開業した。その十二年後の同四十八年には首都圏の外郭環状線である武蔵野線が開通、東浦和と西浦和の両駅が設置されている。東北本線とは南浦和駅で交差したため武蔵野線は東浦和―南浦和―西浦和と続いた。

さらに東北新幹線に沿って建設された通勤新線こと埼京線が昭和六十年（一九八五）に開通、武蔵野線との交差地点に武蔵浦和駅、その隣に中浦和駅を開業している。これで七つであるが、その後は東京メトロ南北線に直通する埼玉高速鉄道が北上して終着駅の浦和美園駅が平成十三年（二〇〇一）に開業した。埼玉スタジアムの最寄り駅である。これで八つだが、ギリギリで旧浦和市内だった与野駅を除けば旧市内全部の駅に「浦和」が付くことになった。

ここで浦和関連駅の設置時点での住所を掲げてみよう（カッコ内は開業年。浦和駅のみは明治二十二年町村制施行時の所在地）。現在の住所はその後の（ ）内であるが、これでわかるのは、駅ができた時点ではいずれも駅名とは別の地名であり、その後に駅名に合わせた町名が北浦和、南浦和、東浦和の三か所で設定されていることだ。

浦和駅（明治十六年）　埼玉県北足立郡浦和町大字浦和宿（浦和区高砂一丁目）
北浦和駅（昭和十一年）　浦和市大字針ヶ谷《はりがや》（浦和区北浦和三丁目）
南浦和駅（昭和三十六年）　浦和市大字大谷場《おおやば》（南区南浦和二丁目）

西浦和駅（昭和四十八年）　浦和市大字田島（桜区田島五丁目）
東浦和駅（昭和四十八年）　浦和市大字大牧（緑区東浦和一丁目）
中浦和駅（昭和六十年）　浦和市大字鹿手袋《しかてぶくろ》（南区鹿手袋一丁目）
武蔵浦和駅（昭和六十年）　浦和市大字別所（南区別所七丁目）
浦和美園駅（平成十三年）　浦和市大字大門（緑区美園四丁目）

できるだけ歴史的地名を尊重すべきと考える私などは北浦和駅を針ヶ谷、南浦和駅を大谷場、西浦和駅を浦和田島、東浦和駅を大牧、中浦和駅を鹿手袋、武蔵浦和駅を浦和別所、浦和美園駅を浦和大門（他に同名駅のあるものに浦和を冠してみた）などとするのが妥当だと思うが、一般にはそのように考える人は少数派なのか、全国的な実態を見れば、既存の駅名をわざわざ都市名に東西南北を冠したものに改める例は多い。

地元の地名を採用するより「東西南北＋メジャー地名」が好まれる理由を考えてみると、駅がどのあたりに位置するのか外来者にも把握しやすく、という一種の「親切心」が考えられるが、場合によっては地元の複数の地名が近くにあるため、特定の地名を選びにくい事情も考えられる。特に「民主主義」が定着していくと、良くも悪くも地名の扱いを公平にという横並び主義（もしくは事なかれ主義）は、駅名に限らず政令指定都市の区名を決める際にもたびたび目にすることだ。

しかし浦和のようにズラリと揃ってしまうと誤解の可能性も大きい。たとえば浦和、南浦和、北浦和の各駅にはそれぞれ東口と西口があるが、これが西浦和や東浦和と混同されないだろうか。余計なお節介だが、これまでどれだけの人が迷ったかと心配になる。思えば昭和三十七年（一九六二）の住居表示法施行後に誕生した新町名には西浅草や東麻布、恵比寿南のような東西南北付きがあふれているが、うっかり東西南北を書き忘れて迷子になる郵便物は多い（私も西麻布の西を書き忘れて封書が戻ってきた経験がある）。

東西南北の付いた駅は全国に数多いが、阪急神戸本線と今津線が交差する西宮北口駅は珍しい事例。阪急宝塚線には宝塚南口駅も

駅名に東西南北を付ける理由

さて、東西南北付きの駅名がすべて浦和のようなケースというわけではない。鉄道が明治五年（一八七二）に走り始めて以来、東西南北を最初に付けた駅は

栃木県の西那須野駅である。日本鉄道奥州線（現東北本線）が明治十九年（一八八六）に開業した那須駅を同二十四年に改称したもので、その理由は開業時の那須野村が同二十二年の町村制で西那須野村に改称したのに合わせたものらしい。

村名が西那須野村になった二年後の改称であるが、最初に駅が設けられる場合も改称の場合も、このように村名に合わせたものが多く存在する。たとえば東京都内でも東村山駅（東村山市）は、駅が設置された時の自治体名が北多摩郡東村山村であったことによる。この村は明治二十二年（一八八九）の町村制施行の際に野口、廻《めぐ》り田《た》、久米川《くめがわ》、大岱《おんた》、南秋津の五村が合併、村山地方の東に位置することからの命名だ。明治期から東西南北を名乗っていた駅を調べてみると、南和《なんわ》鉄道（現JR和歌山線）の北宇智《きたうち》駅もその類で、古代からの地名・宇智の北方に位置することから命名された北宇智村（現五條市）による。

このように明治の町村制で誕生した「行政村」の名前は地域のどこに位置するかを名乗るものが目立つが、それ以前の村（現在の大字）では、郡内に複数ある同名の村を区別するために付けられた東西南北もある。たとえば多摩ニュータウンの西部に位置する八王子市の南大沢は南大沢村（町村制以降は由木《ゆぎ》村大字南大沢）にちなむが、江戸期は多摩郡柚木《ゆぎ》領大沢村で、明治十二年（一八七九）に郡区町村編制法による村名が設定された際、南多摩郡にもうひとつ、拝島領大沢村があったため南北を付けて北大沢村（現八王子市加住町）と南大沢村としたものだ。西武新宿線の南大塚駅（現川越市。設置時は入間郡大田村大字南大塚）も同類で、地図で近くを探しても「北大塚」は見つからない。かつての北大塚村は同駅より一〇キロほども北西の坂戸市大字北大塚である。

他の「同名駅」に比べた東西南北

もうひとつ、駅名の世界の特殊なケースとして、既存の駅名との混同を防ぐための東西南北がある。武蔵や摂津などの国名を付けて区別する例は第九章で改めて取り上げるが、国名によらず方角で区別する方法だ。

早期の例では明治四十四年（一九一一）に開業した東北本線の北白川駅（現宮城県白石《しろいし》市）がある。設置時は刈田《かった》郡白川村大字津田で、白川という村名は白石川に沿っていることから命名された。通常ならこの村名で白川駅とすべきところ、福島県には有力な城下町の白河駅があるため、これと区別するために北を冠したものである。

類似の駅名では大正九年（一九二〇）に設置された信越本線の北塩尻駅（現しなの鉄道西上田駅）が挙げられる。所在地は大字上塩尻と下塩尻のちょうど境界に位置するためどちらを採用するわけにもいかず、しかも塩尻は県内の中央本線の主要駅として存在するので、塩尻駅より北東に四〇キロほど離れていることから「北」を付けたと思われる。

西武池袋線が武蔵野鉄道として大正四年（一九一五）の開業時に福岡県の鹿児島本線久留米駅との混同を避けて東久留米駅としたものも同様だ。自治体名は長らく北多摩郡久留米村（昭和三十一年から町）だったが、昭和四十五年の市制施行時に市名は既存のものを避ける行政指導（自治事務次官通達）により駅名に合わせて東久留米市としている。北海道の千歳線でも同じ事情で命名された北広島駅（広島駅からは直線距離で約一二四〇キロ）に合わせ、札幌郡広島町が平成八年（一九九六）に市制施行した際に北広島市となった。

類似しているが少し異なるのが常磐線の北小金《きたこがね》駅（現千葉県松戸市）だ。開業は明治四十四年（一九一一）であるが、所在地は東葛飾郡小金町大字小金で「北」を付けなければならない理由はない。ところがすでに存在していた東北本線の小金井駅（現栃木県下野市）があり、どちらも上野駅からの直通列車が走ることから、コガネとコガネイの聞き違いは目に見えている。小金井駅から見ると北小金駅はほぼ南にあたるが、駅が水戸街道小金宿の北端に設けられたことから、南小金は不自然であることもあって北小金の駅名に落ち着いたのではないだろうか。これは私の推測だが、地元ではそのあたりの経緯を解明した方がおられるかもしれない。

まとめれば、①明治十一年（一八七八）～十二年にかけて行われた郡区町村編制法による村の再編で、同郡内の同名村が「東西南北」で区別され、それに従ったもの、②明治二十二年（一八八九）にできた「東西南北付き」の行政村名に合わせたもの、③他の同名駅との混同を避けるため、遠方ではあるが位置関係で「東西南北」を付けたもの、④著名な町の東西南北に位置することから命名したもの、の四種類に分けられそうだ。浦和のケースは④であるが、戦後に開業した駅はほとんどがこれであろう。

戦後に急増した「東西南北」の駅

東西南北の駅といえば、昨今では著名な市の東西南北というパターンが多くを占めているが、福岡市にある南福岡駅もその類である。この駅は明治二十三年（一八九〇）に鹿児島本線の前身である九州鉄道が雑餉隈《ざっしょのくま》駅として開業した。この珍しい地名は中世の荘官の名「雑掌」と御笠《みかさ》川の蛇行（＝クマ・隈）を合わせたとされる。現在も大野城《おおのじょう》市雑餉隈町として現役で、並行する西鉄天神大牟田《てんじんおおむた》線の駅は今も雑餉隈駅だ。

国鉄では鹿児島本線の電化に合わせて南福岡電車区が昭和三十五年（一九六〇）に開設さ

れ、それ以降は雑餉隈止まりの電車が多く登場したが、それまで聞いたことのない乗客にとって、この駅が博多の南北どちら側なのかがわからないと苦情が続出、電車区名に合わせて昭和四十一年（一九六六）に南福岡と改めたという。

全国各地のいろいろな事情はあるだろうが、はっきりしているのは高度成長期に既存の駅名を「東西南北付き」に変更する事例が増えたことだ。その背景のひとつとして考えられるのが、昭和二十八年（一九五三）施行の町村合併促進法によって行われた「昭和の大合併」である。同法の施行時に九千八百六十八もあった市町村の数が、失効した昭和三十一年（一九五六）九月末には三千九百七十五と四割に減っている。市の数は二百八十六から四百九十八に激増、さらに市域も広がって「市民」は大幅に増えた。前述した信越本線（現しなの鉄道）の北塩尻駅が西上田と改称されたのは塩尻村が上田市に編入された二年後の昭和三十一年（一九五六）だから、無関係とは言えないだろう。

昭和三十八年（一九六三）には東北本線の陸前中田駅が南仙台、日豊本線の岩脇駅が南《みなみ》日向《ひゅうが》と改称、同四十四年には山陽本線の己斐《こい》駅が西広島、同四十四年に越後線の比角《ひすみ》駅が東柏崎、同四十八年には山陰本線の馬潟《まかた》駅が東松江《ひがしまつえ》に、同五十三年には東北本線の瀬上《せのうえ》駅が東福島に変更されている。新設駅では同じく東北本線が路線変更された新線上に昭和四十三年（一九六八）に東青森駅が設置された。

同四十七年には宮崎県の日豊本線三股《みまた》駅が東都城《ひがしみやこのじょう》駅と改称されたが、同六十一年に三股駅に戻っている。これは都城地区の鉄道貨物を集約した際に場所がわかりにくいため東都城と改めたが、貨物輸送が廃止されてその必要がなくなった事情によるものだ。自治体が都城市に隣接しながら別の三股町であったことも影響したのではないだろうか。

武蔵野線は「東西南北」の見本市

東西南北の駅が集中した線として代表的なのが武蔵野線である。昭和四十八年（一九七三）に開通したこの路線は、東京の山手貨物線に過度に集中する貨物列車を「外環状線」として迂回させる目的があった。東京大都市圏の外縁部を大回りで結ぶものではあるが地価の高い市街地を避けたため、放射状に延びる国鉄・私鉄との交差地点を含めて、空いている土地が選ばれた。このため新設駅は必然的にそれぞれの市街の端に位置し、東西南北を付ける要素が十分に存在したということだろう。

起点の府中本町から順に旅客駅を挙げれば、北府中、西国分寺、新小平、新秋津、東所沢、新座、北朝霞、西浦和、（武蔵浦和）、南浦和、東浦和、東川口、南越谷、（越谷レイクタウン）、吉川、（吉川美南）、（新三郷）、三郷、南流山、新松戸、新八柱、（東松戸）、市川大野、船橋法典、西船橋である（カッコ内は全通後の新設）が、東西南北と新の付いた駅が異例なほど目立つ。

ちなみに大阪圏で同様の目的で建設された城東貨物線（武蔵野線よりずっと古い）を旅客線化したＪＲおおさか東線（新大阪〜久宝寺《きゅうほうじ》）は旅客駅の設置が新しいこともあってか、だいぶ傾向が違う。駅名を並べると新大阪、南吹田、ＪＲ淡路、城北公園通、ＪＲ野江《のえ》、鴫野《しぎの》、放出《はなてん》、高井田中央、ＪＲ河内永和《かわちえいわ》、ＪＲ俊徳道《しゅんとくみち》、ＪＲ長瀬、衣摺加美北《きずりかみきた》、新加美、久宝寺。東西南北はわずかで、その代わりに「ＪＲ」が目立つ。西日本ではＪＲ難波駅（湊町駅を平成六年に改称）以来この冠称の駅を他の私鉄の既存駅と区別するために積極的に命名している。東日本で「ＪＲ付き」は一駅もないことから、会社による「文化の違い」もありそうだ。

日本人は「まん中」が好きなのか

中央区は日本に十か所もある。最初にできたのが東京都中央区で、日本橋区と京橋区を合わせて昭和二十二年（一九四七）にスタートした。こちらは特別区だが、行政区としては昭和四十七年（一九七二）四月一日に同時に誕生した札幌市と福岡市の中央区である。その後は昭和五十五年（一九八〇）に神戸市の葺合《ふきあい》区と生田《いくた》区が合併し、平成元年（一九八九）には大阪市で東区と南区が合併してそれぞれ中央区ができた。同四年には千葉市、十五年にさいたま市、十九年に新潟市、二十二年に相模原市、二十四年に熊本市である。

中央の付く駅名はそれほど多くはないが、戦前からのものでは昭和三年（一九二八）開業の上毛《じょうもう》電気鉄道中央前橋駅、同五年に開業した湘南電気鉄道（現京急本線）横須賀中央駅ぐらいだろうか。戦後になると昭和二十七年（一九五二）に弘前電気鉄道（現弘南鉄道大鰐《おおわに》線）に中央弘前駅が誕生する。都市として成長することを夢見て雑木林のまん中に命名されたのが小田急江ノ島線の中央林間都市駅である。小田急による宅地開発のために東林間都市、南林間都市とセットで昭和四年（一九二九）に設けられたが、分譲成績はあまり芳しくなく、戦時色が強まった同十六年にそれぞれ「都市」を外して現在に至っている。

高度成長期以降になると「ニュータウンのまん中」を意味する中央駅がいくつか現われた。まずは大阪府北部に開発された千里ニュータウン（大阪府）の千里中央駅で、大阪万博が終幕を迎えた翌日の昭和四十五年（一九七〇）九月十四日に北大阪急行（地下鉄御堂筋線が直通）の終点として設置されている。同五十三年には兵庫県川西市の北隣に位置する猪名川《いながわ》町の日生《にっせい》ニュータウンに、日生中央駅が誕生した。首都圏では少し遅れて千葉ニュータウン中

多摩ニュータウンの中心に位置する小田急多摩センター駅

央駅が昭和五十九年（一九八四）に開業。これに対して日本最大の多摩ニュータウンは京王多摩センター（昭和四十九年）、小田急多摩センター（同五十年）のように英語由来の「センター」を用いている。

中央に戻れば、昭和六十二年（一九八七）には神戸市営地下鉄の終点としてやはりニュータウンに西神《せいしん》中央駅が開業、平成二年（一九九〇）には関東で相模鉄道いずみ野線いずみ中央駅、同四年には仙台市営地下鉄（現南北線）の終点・泉中央駅が開業した。同八年には神戸電鉄公園都市線の終点としてウッディタウン中央駅が開業している。なお横浜市営地下鉄（現ブルーライン）の港南中央駅は地元の町名である港南中央通に合わせたものだ。

政令指定都市には「中区」も横浜市や名古屋市など六市に存在するが、駅名として都市のまん中の意味で「中」を付けた駅としては、中目黒など歴史的地名（江戸期から中目黒村）に由来するものを除けば富山県の中滑川《なかなめりかわ》駅（富山地方鉄道本線）が大正三年（一九一四）に設置されたのがだいぶ古い例で、石川県の中鶴来《なかつるぎ》駅（昭和二年設置、平成二十一年廃止）、これに戦後の昭和三十六年（一九六一）に開業した長崎県の松浦線（現松浦鉄道）中佐世保駅あたりだが、あまり多くはない。

最後の中佐世保駅のすぐ隣には平成二年（一九九〇）に開業した佐世保中央駅がある。両駅間の距離はわずか二二〇メートル程度と路面電車を除けば日本最短だが、その間に交通量の多い国道三十五号があるため、心理的距離を考えてあえてアーケード（さるくシティ4〇《まる》3）の直近に設置したことで話題になった。

駅名に多いのは「本」と「本町」

都心の意味で用いられている駅名では中より「本」や「本町」の方が多い。最も古いと思われるのが明治二十九年（一八九六）開業の本《ほん》千葉駅である。房総鉄道時代の開設で、現在の駅は戦後に移転したものなので、かつてはより中心部に面していた（現京成電鉄千葉中央駅付近）。長崎県の島原鉄道では本諫早《ほんいさはや》駅が明治四十四年（一九一一）に開業しているが、いずれも都市の中心から少し離れた幹線の駅より市街に近く、当時のこれら私鉄が「本」を冠することで便利さを強調したのだろう。

その後も宮城電気鉄道（現仙石線）が本塩釜駅を大正十五年（一九二六）に開業、兵庫県では山陽本線の竜野駅より龍野町（後の龍野市、現たつの市）の中心市街に近い本竜野《たつの》駅が姫津線《きしん》（現姫新線《きしん》）に昭和六年（一九三一）に設置された。同十九年には小田急小田原線の相模厚木駅《さがみあつぎ》が本厚木と改称されている。タッチの差で相模鉄道（現JR相模線）が厚木駅を対岸の海老名村（現海老名市）に設置してしまったための「本」であった。

同じ意味では「本町駅」もある。実際の本町《ほんまち》に設置された大阪メトロの本町駅、横浜市営地下鉄グリーンラインの日吉本町《ひよしほんちょう》などを除き、固有名詞としての本町が存在しなくても中心市街の意味で用いたものとしては、大津電車軌道（現京阪石山坂本線）の膳所本町《ぜぜほんまち》駅（大正二年。昭和八～二十六年に「膳所本町」という町名が存在）、昭和四年（一九二九）に開業した小田急江ノ島線の藤沢本町駅、同五年の富士身延《みのぶ》鉄道（現JR身延線）の市川本町駅などである。市川本町は千葉県の市川駅との同名回避だろうが、膳所本町と藤沢本町はそれぞれ国鉄駅より中心に近いことをアピールしたものと言える。戦後には岳南《がくなん》鉄道の吉原本町《よしわらほんちょう》（昭和二十四年）、二俣《ふたまた》線（現天竜浜名湖鉄道）の二俣本町《ほんまち》（昭和三十一年）が誕生しているが、その後はモータリゼーションによる市街地空洞化の影響か、中心市街を意味する「本町」の駅名はあまり出現していない。

「新」は新幹線が最初ではない

昭和三十九年（一九六四）に開業した東海道新幹線の終着駅が「新大阪」であるためか、新の付く駅は新幹線というイメージが強いかもしれない。同線には当時その他に新横浜駅だけだったが（現在は新富士駅もある）、山陽新幹線には多く、新神戸、新倉敷、新尾道、新岩国、新山口（当初の小《お》郡《ごおり》を改称）、新下関の六駅が存在する。

しかし在来線でも新の付く駅名は明治の頃から存在した。ここで言う新の駅名とは既存の地名・駅名に対して新しい駅という意味で命名されたもので、明治五年（一八七二）に開業した新橋駅などは含めない。

現存する「新付き」の駅で最も古いのはどこか調べてみたところ、群馬県伊勢崎市にある東武伊勢崎線・新伊勢崎駅と京急新子安駅（開業時は新子安で、国鉄駅が開業した際に京浜新子安と改称）らしい。どちらもたまた明治四十三年（一九一〇）三月二十七日の開業

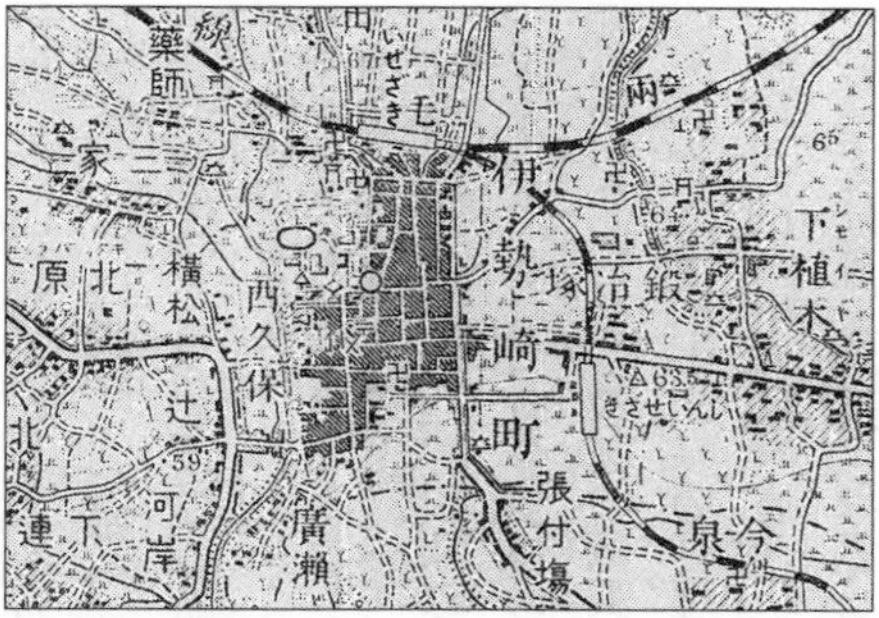

現存するもので最も古い「新付き」駅である新伊勢崎駅（東武鉄道）が誕生して間もない頃。1:50,000「高崎」大正２年鉄道補入

である。改称されたものを含めれば、さらに古い「新」付き駅名が平成十七年（二〇〇五）に名鉄一宮《いちのみや》に変わった新一宮駅で、当初は尾西《びさい》鉄道（現名鉄尾西線）が開業した明治三十三年（一九〇〇）のうちに一宮駅から改称したもので、新伊勢崎駅などより十年も早い。

古い「新」駅の事情

新一宮駅のように、国鉄線のすぐ隣にぴったり接している駅が、なぜ「新」を付けたのだろうか。これは当時の駅のあり方の問題が絡んでいる。たとえば国鉄と構内を同じくする私鉄の駅であれば、国鉄の駅長が私鉄の構内も含めて業務を統括し、会計処理から停車場内のいろいろな規則も駅長の管理下に置かれたため、旅客や貨物の取り扱いなどで何らかの条件が満たせない場合は「違う駅」の扱いを自ら選んだ。

たとえば豊川鉄道（現JR飯田線）が官営東海道鉄道の豊橋駅から独立して吉田（豊橋の町の江戸期の旧称）と名乗る駅を「開業」したのも、そのあたりの事情があったようだ。京都駅における奈良鉄道（現JR奈良線）も明治二十八年（一八九五）に開業した時点では京都駅だったが、同三十年に七条という名の別の駅として独立している（後に国有化して京都駅に再統合）。

このような事情を持つ古い「新」駅は意外に多かったようだ。現在まで同じ駅名で残っているものでは近鉄田原本《たわらもと》線の新王寺駅（奈良県・関西本線王寺駅に隣接）、豊橋鉄道渥美《あつみ》線の新豊橋駅（東海道本線豊橋駅に隣接）、北陸鉄道の新西金沢駅（石川県・北陸本線西金沢駅に隣接）などがあるが、最後の新西金沢駅は国鉄がかつて野々市駅であった際に「新野々市」の名で開業しており、大正十四年（一九二五）に国鉄が西金沢に改称したのに合わせて同日に新西金沢と改められた（新と方角が共存する唯一の駅?）。ちなみにこの旧野々市駅は現野々市駅（昭和四十三年開業）とは異なる。

この他に旧国鉄に接していた今はなき「新」駅を挙げれば、奈良県の天理軽便鉄道（後の近鉄法隆寺線）新法隆寺駅、長野県の草軽《くさかる》電気鉄道新軽井沢駅、新潟県の魚沼鉄道（後の国鉄魚沼線）新来迎寺《しんらいこうじ》駅、同県の頸城《くびき》鉄道新黒井駅、福井県の南越《なんえつ》鉄道（後の福井鉄道南越線）新武生《しんたけふ》駅（同鉄道の武生新〈現越前武生〉駅とは違う）、石川県の尾小屋《おごや》鉄道新小松駅、同県の北陸鉄道能美《のみ》線新寺井駅、滋賀県の江若《こうじゃく》鉄道新浜大津《しんはまおおつ》駅などがある。

新しいタイプの「新」駅

同じ駅長の管理下でないと同じ駅名を名乗れなかった時代がいつまで続いたのか知らない

が、それとは別に在来駅から少し離れたところに「新」の付く駅が続々と設置されている。これが戦後の一般的な「新」の駅であるが、細かく見ていけば少しずつ違いがある。

「既存の駅に近い」のが同じ路線上にあるものと別の路線のものがあり、前者では総武本線小岩駅の隣に位置する新小岩駅（小岩開業の二十九年後）、東海道本線蒲原《かんばら》駅の隣の新蒲原駅（七十八年後）、豊肥本線の水前寺駅の隣に設置された新水前寺駅（七十四年後）などがあり、後者では中央本線の大久保駅の至近距離だが別路線の山手線上にある新大久保駅（十九年後）、別会社の例は非常に多いが、西武池袋線の秋津駅に対してＪＲ武蔵野線の新秋津駅、東京メトロ東西線の浦安駅とＪＲ京葉線の新浦安駅、都内ではＪＲと東京メトロの大塚―新大塚、中野―新中野、高円寺―新高円寺、御茶ノ水―新御茶ノ水などなど、この類は枚挙にいとまがない。もちろん在来線の駅に対する新幹線の「新」も同様である。

鉄道路線名はどうなっているか

コラム3

鉄道の路線に名前が付いたのはいつ頃だろうか。明治五年(一八七二)に新橋～横浜間が開通した頃はその路線しかないのだから「鉄道」といえば済むので不要だった。その後も明治新政府が第二弾として京阪神間の鉄道は作ったものの、とにかく資金不足だったので幹線の建設も「私鉄」に頼っている。

その私鉄で最も古いのは日本鉄道で、現在の東北本線や高崎線、常磐線、山手線などを手がけた。複数の路線があったので区別するために何らかの呼び名を用いていたのは間違いないだろうが、日本初の冊子型時刻表として知られる『汽車汽船旅行案内』の明治二十七年(一八九四)十一月一日発売号を見ると、見事に線名がない。

現在の東海道本線は「東京(新橋)神戸間」、東北本線は「東京(上野)青森及塩竈間」となっている。塩竈が別なのは当時そちらへ行く支線が伸びていたから。その区間表示の欄外に「日本鉄道」という社名が載っているのみだ。線名が載っているのは「日本鉄道株式会社」の広告ページで、中仙道線（上野〜高崎）、奥州線（大宮〜青森）、山ノ手線（赤羽〜品川）、水戸線（小山〜水戸）などと記されている。

しかし正式にこの線名が使われていたかといえば疑問で、山手線が開業した六年後の明治二十四年（一八九一）に発行された『中仙道両毛水戸日光甲武品川線鉄道案内』というガイドブックには「品川線」と記されているから前出の広告とは食い違っている。ところが同三十三年に発行された『日本鉄道案内記』では「品川線」となっているので、品川線も山ノ手線も同時期に用いられていた可能性がある。明治二十四年に修正された二万分一迅速測図（地形図の前身）では、両者とも異なる「自赤羽至品川《あかばねよりしながわにいたる》鉄道」であるから判断に迷うところだ。

いずれにせよ、明治三十九年（一九〇六）の鉄道国有法の施行を経て全国の幹線鉄道はすべて国有化され、同四十二年十月十二日には大所帯となった鉄道院が管下の線路について一斉に命名している。同日付の官報には「国有鉄道線路名称左ノ通定《とおりさだ》ム」とあり、当時の鉄道院総裁であった後藤新平の名で告示された。

告示された「線路名称」は本州、四国、九州、北海道の順に分けられ、各島それぞれ東海道、北陸、山陽などの「本線」の下に支線が所属する形で、合計七十二路線が掲げられている。このうち山手線は日本鉄道が赤羽から分岐させて建設した経緯により「東北線」の部門に属していた。ちなみに同線の他の支線を挙げれば常磐線、隅田川線（田端～隅田川）、高崎線、両毛線、水戸線、日光線、岩越線（現磐越西線）、塩竈線（現存せず）、八ノ戸線（現八戸線）となっている。

路線名のパターン

鉄道路線はJR（旧国鉄）とその他の私鉄で発想を異にするものもあり、試しに分類してみたが、これがなかなか興味深い。なおJR以外の私鉄は会社名が路線名として通用しているものも多いため、一緒くたに紹介した。いたずらに「正式名称」にこだわっても面白みがないので、そのあたりはご了承いただきたい。なお、ここでは十和田八幡平四季彩ライン（花輪線）、奥の細道湯けむりライン（陸羽東線）、よしの川ブルーライン（徳島線）のような、利用者の間にほとんど定着していない愛称は相手にしない。

①目的地または経由地

ＪＲでは函館本線、高崎線、青梅線、鹿児島本線など、起点または終点（当初の終点）が目立つが、有力な経由地を名乗る高山本線、身延《みのぶ》線、飯田線、小浜《おばま》線、赤穂《あこう》線、呉《くれ》線、山口線、木次《きすき》線など非常に多い。

ちなみに「本線」と「線」はかつての国鉄で部門別に「東海道線の部」の下に東海道本線および山手線、南武線、身延線などの支線が所属するという分類体系になっていたが、現在ではこれが解消されているため、本来は東海道線、中央線、東北線が正式である。それでも長年の慣習で時刻表や駅の表示では今も「本線」という表記が珍しくない（本書でも「本線」と表記）。

その他の私鉄でも多いが、たとえば阪急京都本線と神戸本線など終着駅はそれぞれ京都河原町、神戸三宮で、「京都駅」と「神戸駅」ではなくても目指す都市名という意味では同様だ。他にも西武池袋線、同新宿線、京急久里浜線、東武日光線、名鉄常滑線、近鉄奈良線、阪神なんば線など非常に多い。なお、よく奈良駅に通じていないＪＲ奈良線、横浜駅へ行かないＪＲ横浜線が話題になるが、これはたまたま近くの駅で幹線に接続したことにより目的が達成されており、実際には多くの列車が直通しているので、この範疇に含まれる。

②神社仏閣、空港など

目的地は都市名とは限らず、たとえば永平寺へのアクセスを意識したえちぜん鉄道勝山永平寺線《かつやまえいへいじ》、京急大師線（川崎大師）、大雄山最乗寺《だいゆうざんさいじょうじ》への参詣客を意識した大雄山鉄道の後身である伊豆箱根鉄道大雄山線、目的地ではないが、伊勢神宮へ参るための路線としての参宮線も広義の目的（地）を示した路線であろう。かつては参宮鉄道という私鉄であり、近鉄大阪線、山田線などの前身の参宮急行電鉄もまさに同類であった。

寺社以外のものでは京王動物園線（多摩動物公園）、京王競馬場線（東京競馬場）などがそのものズバリだし、空港アクセス線は京急空港線やＪＲ関西空港線、南海空港線、ＪＲ宮崎空港線など空港を名乗ることが多い。

臨海工業地帯を走るものでは鹿島臨海鉄道、八戸《はちのへ》臨海鉄道、衣浦《きぬうら》臨海鉄道、水島臨海鉄道など（貨物専用も含む）、ニュータウン路線では東急田園都市線、神戸電鉄公園都市線、能勢電鉄日生線などがある。最後のは日本生命が開発した住宅地で、保険会社名付きは珍しい。珍しく門を名乗っているのは東京メトロの半蔵門線。

③沿線の国名

たとえば越後線（柏崎～新潟）、相模線（茅ケ崎～橋本）、日高本線（苫小牧～様似）など、おおむね全線がひとつの国に入っていることが多い。吉備線（岡山～総社）のように備前国と備中国を結ぶものでは分かれる前の吉備国を用いている。私鉄の社名にも目立ち、遠州鉄道（遠江国・静岡県）、近江鉄道（滋賀県）、紀州鉄道（紀伊国・和歌山県）、伊予鉄道（愛媛県）、伊勢鉄道（三重県）、しなの鉄道（信濃国・長野県）、えちぜん鉄道（越前国・福井県）などがある。

変わり種としては群馬県を走る上毛《じょうもう》電気鉄道で、「上毛」は上野《こうづけ》国の異称である。これはかつての毛野《けぬ》国が上下に分かれた際、国名は二文字とする古代の規定に従って上毛野国としたいところを無理やり上野国にまとめたもので、一般的な略称である上州とともに上毛が今も使われている。ついでながら下野国《しもつけのくに》の略称は「野州《やしゅう》」。また、毛野を流れる大河として別の字が当てられたのが鬼怒《きぬ》川だ。

昨今では国名に「イメージ語」などを加えたものも目立つようになり、土佐くろしお鉄道、えちごトキめき鉄道などが出現しているが、キラキラはほどほどにしてもらいたい。また、その国のどのあたりを走るかという意味で東西南北を加えたものもあり、たとえば南武線（武蔵国の南部。旧南武鉄道）、東武鉄道（武蔵国の東部）、西武鉄道（同国西部）という命名もある。

ついでながら、国名よりずっと少ないが県名を用いた鉄道路線や社名も第三セクター路線に目立つようになってきた。IGRいわて銀河鉄道、青い森鉄道、山形鉄道、あいの風とやま鉄道、IRいしかわ鉄道など。昨今の風潮でひらがな優位。

④その他の広域地名

郡名、平野名その他「正式」な地名とは限らないが広く通用する広域地名を採用したものだ。山手線、武蔵野線、関西本線など、ちなみに関西《かんさい》本線はもともと関西《かんせい》鉄道という私鉄に由来する。その他の私鉄では、いすみ鉄道が千葉県夷隅《いすみ》郡（いすみ市も後に出現する）にちなむが、他には千葉県の房総半島を巡る内房線と外房線、琵琶湖の西側を走る湖西線などが挙げられるだろう。陸前・陸中・陸奥《むつ》の総称――三陸の海岸を走ることで命名された三陸鉄道も同様だ。歴史の古い津軽鉄道も地方名を採用している。

古代に道に沿って国を分類した「五畿七道」の名は地方名でもあり、場合によっては今も通じる街道名になっているが、これにちなむものとしては東海道本線、山陽本線、山陰本線、北陸本線などの「重鎮」が思い浮かぶ。その他の私鉄では、紀州から淡路、四国に至る南海道に由来する南海電気鉄道。都営地下鉄大江戸線の「大江戸」も旧称ながら広域地名には違いない。東京の東京臨海高速鉄道りんかい線も普通名詞的だがその類だろうか。

⑤起点と終点の地名を合成

京浜急行と東急東横線はいずれも東京と横浜の一文字ずつをつないだもので、東京と八王子を結ぶのは京王電鉄、成田へ行くのは京成電鉄、千葉へ向かう京葉線。関西なら大阪と神戸で阪神電気鉄道、京都と大阪で京阪電気鉄道の二つの老舗が思い浮かぶ。阪急は阪神急行電鉄の略称に由来するが、同社は後に戦時体制で京都線を加えたので京阪神急行電鉄に改称されている。それでもずっと用いられた阪急の略称が昭和四十八年（一九七三）から正式に採用されて阪急電鉄となった。

それほど大きな町どうしでなくても、八高《はちこう》線（八王子と高崎）、太多《たいた》線（美濃太田と多治見《たじみ》）、阪和線（大阪と和歌山。元阪和電気鉄道）、福塩《ふくえん》線（福山と塩町《しおまち》）、高徳《こうとく》線（高松と徳島）、岩徳《がんとく》線（岩国と徳山）、姫新《きしん》線（姫路と新見《にいみ》）などがある。いずれも厳密な起終点はその町の手前だったりもするが、それは些事である。

これらの中に不思議に思えるものもあって、たとえば秋田県の東能代駅から海岸沿いに青森県の川部《かわべ》駅（弘前の近く）を結ぶ五能《ごのう》線。これは五所川原と能代の双方をつないだもの。当初は川部〜五所川原間が陸奥鉄道という私鉄であったため国鉄としては五能線で筋が通っていた（後に陸奥鉄道は買収されて全線が国鉄）。大糸線（大町・糸魚川）も同様で、こちらも松本〜信濃大町間が私鉄の信濃鉄道であったためだ。気の毒なのは三重県を走る名松《めいしょう》線で、こちらは松阪から名張まで行くつもりが参宮急行電鉄（現近鉄）に先を越されて建設の意義を失い、伊勢奥津《おきつ》という山の中で行き詰まっており、未達の終点のカケラを今も戴いている。そういえば、いすみ鉄道の国鉄時代は木原《きはら》線で、かつては大原から木更津を目指していた。

合成せず地名を並べたものも少数だが存在する。たとえば西鉄の天神大牟田線。かつては大牟田線だったが、平成十三年（二〇〇一）から起点に近い福岡の「天神」という繁華街の名を冠した。鹿児島県では指宿《いぶすき》枕崎《まくらざき》線も経由地と終点を並べたものである。日田彦山線（福岡県・大分県）は町と山。

⑥起終点・経由地などの国名を合成

上越線（上野と越後）、紀勢本線（紀伊と伊勢）、日豊《にっぽう》本線（日向と豊前）など特にJR線に目立つが、必ずしも起終点ではない。日豊本線も終点は薩摩の鹿児島である。四国の予讃線（伊予と讃岐）もこの類型だが、大正十二年（一九二三）から昭和五年（一九三〇）までの七年間は「讃予線」と称した。ところが対岸を走る「山陽線」と紛らわしいというので逆順に変えたそうである。だから国の順番も起点↓終点というわけでもなく、豊肥本線は熊本駅（肥後）が起点で大分駅（豊後）が終点など、語呂の良さなども勘案して決めているのだろう。

他にも福岡県を走る筑豊本線（筑前・豊前）や筑肥《ちくひ》線（筑前・肥前）、熊本県から鹿児島県へ行く肥薩線（肥後・薩摩）、鳥取駅と岡山県の津山を結ぶ因美《いんび》線（因幡《いなば》・美作《みまさか》）、上州の高崎駅（群馬県）から信濃を経て越後の新潟駅に至る信越本線（現在は第三セクター鉄道区間が入って細切れ）、武蔵国の東京駅から下総国の銚子駅を結ぶ総武本線など数多い。新幹線では国名をつないだ唯一の路線として上越新幹線（上野《こうづけ》・越後）がある。

両毛線《りょうもう》（旧両毛鉄道）はこの仲間ではあるがちょっと特異な例だ。③の上毛電気鉄道で言及したが、上野国と下野国を結ぶために両毛線になった。上野・下野の二国であるが、上下の毛野国という意味である。線名以外にも「両毛地方」の呼び名は今も使われている。一方で都道府県を並べたレベルは珍しく、埼京線（埼玉と東京）くらいかもしれない（都県名と解釈すれば京葉線も該当）。

国名をつないだ路線は両側から少しずつ延伸される過程で東西南北を付けて区別した事例も多く見られる。たとえば清水トンネルの開通で全通するまでの上越線が上越北《ほく》線と上越南《なん》線であったり、八高線も八高北線・八高南線に分かれていた時代があった。紀勢本線などはまん中に飛び地のような路線（旧新宮鉄道）があったため、紀勢西線・紀勢中線・紀勢東線の三つの時代もあった（昭和三十四年全通）。今でもつながっていない例としては福井県を走る越美北線《えつみほく》。将来的には越美南線（長良川鉄道）と一緒になって越美線となるはずだったが、工事が行われる予定はない。全部つながっていても系統として別の路線である場合は磐越東線《ばんえつ》と磐越西線、陸羽《りくう》東線と陸羽西線と分けている例もある。

⑦山や川など自然地名　その他

山河を名乗る路線もあって、まず山では最高峰を名乗る富士急行、九州の日田彦山線（目的地プラス山）、富山地方鉄道立山線、叡山《えいざん》電鉄鞍馬《くらま》線（京都府）、箱根登山鉄道、信楽《しがらき》高原鐵道（滋賀県）、由利高原鉄道鳥海山《ちょうかいさん》ろく線（秋田県）などがある。川の路線名も多く、阿武隈《あぶくま》急行（福島県・宮城県）、大井川鐵道大井川本線（静岡県）、くま川鉄道（熊本県）、長良川鉄道（岐阜県）、錦川《にしきがわ》鉄道錦川清流線（山口県）、東急と西武の多摩川線（いずれも東京都）、東武鬼怒川線（栃木県）、北陸鉄道浅野川線（石川県）などがある。黒部川に沿って断崖絶壁をゆっくり走る黒部峡谷鉄道（富山県）、わたらせ渓谷鐵道（群馬県・栃木県）もその仲間であろう。川と湖を名乗るのは天竜浜名湖鉄道（静岡県）。田沢湖線は文字通り湖の名を採っているが、田沢湖町（現仙北市）という「町名」でもある。自然地名としては秋田内陸縦貫鉄道の社名もこの仲間だろうか。男鹿線は男鹿市へ行く路線とすれば①の目的地名だが、男鹿半島なら自然地名となる。この線は以前は終点の町名をとった船川線であったが、駅名を市名に合わせて船川から男鹿に変更したのと同時に男鹿線となった。

第三セクター線では自然地名をめいっぱい使ってアピールする傾向が見られるが、たとえばえちごトキめき鉄道日本海ひすいライン、同鉄道の妙高はねうまラインなど。ついでながら線ではなく「ライン」を使ったものも目立ち、横浜市営地下鉄はブルーラインとグリーンラインというカタカナ名称だ。東武スカイツリーラインやアーバンパークラインも愛称ながら同様である。どうにかしてほしい。

これまでの範疇に入らないものとしては、橋梁名をとった瀬戸大橋線（岡山～高松間の宇野線の一部・本四備讃《ほんしびさん》線・予讃線の一部を合わせた愛称）がある。なお茶屋町～宇多津間の正式名称・本四備讃線は広域の「本四」の後に国名の備中と讃岐を合成したものだ。まん中を意味する中央本線（本州のまん中を走る意だろう）も他に分類できない。中央線は大阪メトロにもあるが、ついでに地下鉄に目立つのが東京や仙台、京都などのに見られる東西線や南北線。走行形状を表わしたものとしては大阪環状線や愛知環状鉄道など。路線名もまさに千差万別である。

第九章　駅名が変わるとき

全国初の駅名変更は小樽

全国で初めて駅名が変わったのはいつのことだろうか。『停車場変遷大事典　国鉄・JR編』（JTBパブリッシング）によれば、明治十四年（一八八一）五月二十二日に北海道の官営幌内《ほろない》鉄道が開運町《かいうんちょう》駅を住吉と改めたのが最初のようだ（この時期にまだ「私鉄」はない）。前年十一月二十八日に開業してまだ半年というのに何があったのだろうか。現在の南小樽駅であるが、当時小樽に「住吉」という町名はなく、住吉神社の最寄りをアピールしたかったのだろうか。ちなみにこの住吉駅がさらに小樽駅（初代）となったのは同三十三年のことで、それまで道内屈指の「大都会」であった「小樽」を名乗る駅がなかったのは不可解ではある。ついでながら同駅は大正九年（一九二〇）に三度目の改称で現在の南小樽となっている。

昔の改称に戻るが、明治二十年（一八八七）には名護屋駅が名古屋駅、翌二十一年には加《か》納《のう》駅が岐阜駅と改称された。他にも明治期に各地で改称は散発的に行われているが、明治三十年代までは主要幹線の多くが私鉄であったこともあっていずれも個々の事情によるものが多い。名古屋駅の改称は全国的に「市制」が施行される以前であるが、明治二十二年（一八八九）に近代的な基礎自治体としての市町村が誕生した後は、駅名の表記をそちらに合わせる改称もあった。

ちなみに名古屋は鎌倉時代の文献に見える「那古野荘《しょう》」あたりに始まる古い地名であるが、その後は何通りかの表記が併存し、江戸期にも名古屋と名護屋が用いられていた。明治二年（一八六九）には尾張藩が「名古屋藩」に改称して表記の統一が図られたとされているが、実態が急に改まるものではなく、たとえば大阪市の表記が大正期に入っても各種文書で「大坂」が多数混在しているように、名古屋も徹底できなかったようだ。ここからは想像だが、ある鉄道の担当官が自らの見識に従って「やっぱり名護屋でしょう」と名護屋停車場を立ち上げたはいいが、国家的には郡区町村編制法による「名古屋区」が誕生しているし、同じ国が運営する鉄道の停車場の表記が違っていてはまずいと、どこかのお偉方が名古屋に改称すべしと鶴の一声を下した、のかもしれない。

もうひとつ、加納停車場の方であるが、加納は岐阜の南に位置する城下町で、中山道の宿場町でもあり、昭和十五年（一九四〇）に岐阜市と合併するまでは独立した加納町であった。それでも天下の東海道本線の停車場であるから、県庁所在地の岐阜を前面に立てたのだろう

（停車場の所在地も上加納村）。

これは小さな村の例ではあるが、明治二十八年（一八九五）には関西《かんせい》鉄道（現関西《かんさい》本線）の前ケ須《まえがす》駅が町村制で誕生した弥富《やとみ》村の名に合わせて弥富駅と改称、また山陽鉄道（現山陽本線）の終着駅であった馬関《ばかん》駅は、赤間関《あかまがせき》市が下関市に改称されたのに合わせて明治三十五年（一九〇二）に下関駅と改められるなどの類もあった。

鉄道国有法によって全国の幹線鉄道が国有化された明治四十年（一九〇七）から後には、珍しい改称が行われた。「ノッケ」の削除である。これは江ノ島の「ノ」、四ツ谷の「ツ」のような助字のことだが、まずは東北本線の一ノ戸《いちのへ》と三ノ戸、現八戸線の八ノ戸（現本八戸）の「戸」が付く三駅が明治四十年十一月一日付でそれぞれ一戸、三戸、八戸に改められた。同日に現総武本線の四ツ街道が四街道、現日豊本線の宇ノ島が宇島に一斉に改められている。これは自治体名に合わせたものかもしれないが、一ノ関駅のように現在に至っても一関市とは異なる表記も残っているから、それほど徹底されたわけでもない。東京の四ツ谷駅（中央本線）も健在であるが、こちらも新宿区四谷、それ以前の戦前の四谷区とも不一致のままだ。東京メトロ丸ノ内線には四ツ谷駅と四谷三丁目駅が並んでいる。

鉄道網の充実による改称の必要性

明治二十年代から三十年代にかけては私鉄が敷設した幹線鉄道を軸に支線も増え、それまでの駅よりも市街地に近い場所に新しい駅ができたことにより、従来の駅を改称するケースが出てきた。

両毛鉄道（現JR両毛線）によって明治二十二年（一八八九）に大間々《おおまま》駅が設置されたが、同四十四年四月十五日に大間々の市街地（現みどり市）のすぐ近くに足尾鉄道（現わたらせ渓谷鐵道）の「大間々町駅」が開業、翌五月一日に地元の地名をとって岩宿《いわじゅく》駅と改めている。足尾鉄道の方は「町」を外して大間々駅（二代目）となった。「ままま」と発音しにくかったのも影響しただろうか。

明治二十五年（一八九二）には神戸から西へ延伸を続けていた山陽鉄道（現山陽本線）が終着駅として三原駅を設置したが、同二十七年には三原の市街に新たに三原駅を開業、従前の三原駅は糸崎《いとざき》と改称した。明治三十四年（一九〇一）に秋田県の現奥羽本線に能代《のしろ》駅が開業したが、同四十一年には同駅から五能線の前身がひと駅、能代町《まち》（現能代）駅まで延伸した。これを機に翌四十二年に能代駅は機織《はたおり》駅に改称（現東能代）、能代町駅の方が二代目の能代駅になった。現山陰本線でも明治三十六年（一九〇三）に倉吉駅が設置されたが町からは遠く、同四十五年六月一日に倉吉軽便線（後の国鉄倉吉線）が町の間近に倉吉駅を設置する一か月前の五月一日に上井《あげい》駅に改称している。この日から月末までは「倉吉駅」がこの世に存在しなかったのだが、同時改称による混乱を避ける目的だったのだろう。大正になってからだが、明治五年（一八七二）以来の歴史を誇る初代横浜駅も、大正四年（一九一五）に小田原方面へ直通できる線路の上に二代目の横浜駅（地下鉄高島町駅付近）が開業したのに伴って桜木町と改称されている。

このような例は全国各地にあった。山陽鉄道が明治三十年（一八九七）に設置した山口県の岩国駅も岩国の市街地から遠く、後に昭和四年（一九二九）に今の岩徳《がんとく》線が市街近くに岩国（現西岩国）駅を設置した際に麻里布《まりふ》と改めている。そちらを経由するルートが山陽本線に変更されるのだが、太平洋戦争中に柳井《やない》線（旧山陽本線）の方で複線化が行われたこともあって山陽本線のコースが元に戻り、麻里布駅が岩国駅に戻っている。前述の倉吉駅も昭和四十七年（一九七二）に山陰本線の方に戻り、二代目の倉吉線倉吉駅が「打吹《うつぶき》」と改称された。こちらは残念ながら昭和六十年（一九八五）に廃止されている。市街に近づいたことにより改称した例としては、他に宇野線の味野《あじの》駅が下津井軽便鉄道（後の下津井電鉄）の味野町駅（後の児島《こじま》駅）開業で大正三年（一九一四）に彦崎《ひこさき》駅に改称、山陽本線の船木駅が大正五年（一九一六）の船木鉄道（昭和三十六年廃止）の開通で船木町駅ができたことにより厚東《ことう》駅に改称している。

明治三十五年に開業した現奥羽本線の五城目《ごじょうのめ》駅が大正十一年（一九二二）に五城目軌道（後の秋田中央交通・昭和四十四年廃止）が五城目の町まで開通（東五城目駅）した四年後の同十五年に一日市《ひといち》駅に改め、軌道の方は翌昭和二年（一九二七）に東五城目を五城目に改称した。一日市駅は後に自治体名に合わせて昭和四十年（一九六五）に八郎潟《はちろうがた》駅と再改称している。

先ほどの岩国や倉吉の例にあったように、後には市街から多少離れていても遠距離を行く優等列車が停車する乗換駅に市名を名乗らせる事例も特に戦後になって目立つようになった。東北本線の尻内《しりうち》が八戸、芸備線の備後十日市《びんごとおかいち》が三次《みよし》、紀勢本線の東和歌山が和歌山などと改称されている。前述の山陰本線倉吉駅（再改称）も同様だ。

大正期の駅名変更――全国ネットの時代

明治五年（一八七二）に京浜間のわずか二九キロメートルで始まった日本の鉄道は、明治二十年（一八八七）には九五六キロメートル、同三十年に四七四六キロメートル、同四十年には七八七一キロメートルと順調に増えていった。鉄道五十年の節目にあたる大正十一年（一九二二）には一万五〇五三キロメートルに達している（以上は『帝国鉄道年鑑』昭和三年版）。

第一次世界大戦期に大きく経済成長を遂げた日本では大正元年（一九一二）から同十五年（一九二六）までの十四年間で旅客貨物ともに輸送量の伸びは大きく、旅客では元年の約三六億人マイル（乗車数に距離を掛けた）から十五年の約一一〇億人マイルまで三・三倍に増え、貨物は元年の約二七億トンマイル（貨物の重量に距離を掛けた）から十五年の約七三億トンマイルと二・七倍に増加した。

もちろん駅の数も路線の距離に応じて増えており、必然的に同名の駅が少しずつ目立つようになってきたのが大正期である。おそらく全国に複数ある駅名の付いた荷札によって誤配送される件数も増えてきただろうから、当惑する現場で区別の必要に迫られたことは想像に難くない。貨物だけでなく、慣れない地方へ旅行する乗客も同名の駅が各地にあっては不安である。

さて路線網の増大に呼応して明治二十七年（一八九四）には冊子型の時刻表が登場した。慶應義塾で学んだ手塚猛昌《たけまさ》（二十二年卒業）が福澤諭吉のアドバイスを元に英国で便利に使われているタイムテーブルの日本版を上梓したのである。後に「三本松」の愛称で親しまれる庚寅新誌社《こういんしんしし》『汽車汽船旅行案内』だが、ここに駅名索引が掲載されるのは大正に入ってからである。私が持っている復刻版では大正元年版にはなく四年版には載っているので、この間に登場したものだろう。

いろは順に掲載されたこの索引には同一駅名の場合は線名がカッコ内に記されており、重複状況がわかりやすい（同じ場所にある駅でも別路線・連絡他社線があれば別々に記載）。これによれば、まず「い」の項で一段目に見えるのが一ノ宮駅である。駅名の下に掲載ページがあるのだが、東海道線、房総線、山陽線、豊川線、中国鉄道の五か所。一ノ宮というのは国ごとの最有力神社であるから国の数だけある（場合によっては二か所のことも）ので当然だが、やはり紛らわしい。中山駅も横浜線、福知山線、東北線、総武線の四か所、佐野駅も南海線（現南海電鉄）、東海道線、東武鉄道、両毛線の四か所（後二者は同一駅）、新町駅も高崎線、奥羽線、近江線（現近江鉄道）の三か所に及んでいる。

いずれも私鉄を含んでいるが、このような状態を放置するわけにはいかなかっただろう。大正に入ってから同名の駅を区別するための改称が相次いで行われた。すべての重複駅について全国一斉に行われたわけではないが、同一の駅名については同日に改称したところが多い。

これらの改称は明治の終わりから散発的に行われているが、一斉改称が目立つのは大正に入ってからで、まずは大正四年（一九一五）の中山駅の改称である。前述の四路線であるが、九月十一日に福知山線の中山駅が「中山寺」に、東北本線の中山駅は「奥中山」（現いわて銀河鉄道奥中山高原）、総武本線の中山駅は「下総中山」にそれぞれ変わった。横浜線の中山駅だけは変わらなかったが、特に大きな町があるわけでもなく、何か特別な政治力でも働いたのだろうか。

大正五年（一九一六）の元日に一斉改称されたのは一ノ宮駅である。東海道本線は「尾張一ノ宮」（現尾張一宮）、豊川鉄道（現JR飯田線）は「三河一宮」、山陽本線は「長門一ノ宮」（現新下関）、房総線（現外房線）は「上総一ノ宮」、一か月遅れた二月一日に中国鉄道（現JR吉備線）の「備前一宮」という具合で、こちらはすべてが改称となった。各国の一ノ宮のうちどこかだけを優遇するわけにはいかなかったのだろう。

翌六年五月一日には二つの大山駅が改称されたが、これは山陰本線の大山《だいせん》駅が「伯耆《ほうき》大山」に、福知山線の大山《おおやま》駅が「丹波大山」となっている。意外に近所で、実際に大阪発松江行きの列車が両駅に停まっているから、大山《おおやま》から大山《だいせん》へ行くお客だって皆無ではなかっただろう。同八年七月一日には全国三か所の境駅が改称された。中央本線が「武蔵境」、奥羽本線が「羽後《うご》境」、そして境線が「境港《みなと》」である。最後の例は「伯耆境」とはしなかったので、必ず国名を冠するというわけでもなかった。

東北本線と北陸本線にあった福岡駅は前者が大正十年（一九二一）に北福岡（現二戸）と改められたように、区別する方法には東西南北も用いられている。これは前章で述べた信越本線（現しなの鉄道）の北塩尻駅（現西上田）、武蔵野鉄道（現西武池袋線）の東久留米駅などと同様だ。

ただ疑問なのは、今なお同名の駅がしばしば見られることで、しかも最近になって現われた多摩都市モノレール「高松駅」のようなものではなく、大正期から四つもあった柏原駅——東海道本線（かしわばら）、関西本線（かしわら）、福知山線（かいばら）の現存する駅に加えて信越本線にも柏原駅が戦後の昭和四十三年（一九六八）に黒姫駅に改称されるまで存在した。現状四つの大久保駅も戦前からあったので同様である。これがなぜ同名のまま放置されたかについて、納得できる説明に出会ったことがない。

補足ながら、最初に国名を付けて同名駅を区別したのは筑豊《ちくほう》興業鉄道（現筑豊本線）が明治二十六年（一八九三）に設置した植木駅で、これが九州鉄道と合併した際に、同二十四年に同鉄道がすでに開業していた植木駅（鹿児島本線・熊本市北区）と区別するために筑豊（被合併会社）の方を同三十年十月一日に筑前植木と改めたものである。

現在の御殿場線が東海道本線であった頃に設けられた小山《おやま》駅は、東北本線の小山駅（栃木県）と同一のため明治四十五年（一九一二）に駿河駅に改められているが、国名のみを名乗る珍しい例であった。現在の駿河小山駅（昭和二十七年改称）で、明治四十五年五月一日から六合《ろくごう》駅と改称する旨の鉄道院告示が発せられたにもかかわらず実現せず、これが七月一日に駿河駅に差し替えられた。

六合とは明治二十二年（一八八九）の町村制施行で小山を含む計六村が合併した際の行政村名で、文字通り六村が合ったという意味の当時流行していた安易な命名である。しかしこの六合村は短命で、大正と改元されたばかりの元年八月一日に菅沼村と合併して小山町となった。だからもし五月に六合などと駅名を変えてしまえば、三か月後には「六合村」の消滅で実態のない駅名となりかねない。合併の経緯は知らないが、そんなゴタゴタのためとりあえず国名を採用したのだろうか。

第十章　観光のための改称

レジャーの多様化と駅の改称

第一次世界大戦頃から日本は著しい経済成長を遂げた。大正九年（一九二〇）に発足した国際連盟の四つの常任理事国——英仏伊日の一員としても名を連ね、明治維新から約半世紀で曲がりなりにも「先進国」の扱いを受けるようになったのである。残念ながら「満洲事変」の後からは徐々におかしなことになり、昭和十六年（一九四一）十二月の対米開戦以降はひたすら破滅への道を突き進んでいくのだが……。

国内の鉄道網は、すでに昭和の初めには新幹線を除けば現在の路線網の大半を完成させていた。それに加えて今はなきローカル鉄道も含めて、津々浦々に鉄道が行き渡りつつあった時代である。特に大都市圏の私鉄は輸送力とスピードアップを推進し、車両も快適性を高めていた。運輸事業だけでなく、時に学校などを誘致しつつ沿線の住宅地開発を進め、多種多様な観光開発を手がけるなど、小林一三《いちぞう》率いる阪急を代表格として多角的経営を積極的に展開していたのである。

東京市四谷区の四谷新宿駅（新宿三丁目交差点付近）から東八王子（現京王八王子）駅を結んでいた京王電気軌道（現京王電鉄）は、昭和十二年（一九三七）五月一日、七か所の駅名を一斉に改めた。具体的には起点の四谷新宿を京王新宿に、停車場前を省線新宿駅前（現南口の甲州街道上）、京王車庫前を桜上水、市公園墓地前を多磨《たま》霊園、関戸《せきど》を聖蹟《せいせき》桜ヶ丘、百草《もぐさ》を百草園、高幡《たかはた》を高幡不動にそれぞれ改称している。

起点の四谷新宿は、省線（国鉄）の駅が当時は新宿のエリアではない豊多摩郡淀橋町大字角筈《つのはず》にあるのに対して、京王は東京市四谷区の新宿三丁目、つまり「ホンモノの新宿」にあることをアピールしたものだろうが、京王新宿に変更したのは、省線に四ツ谷駅があって紛らわしかったからかもしれない。

それ以下の改称はなかなか興味深い。まずは京王車庫前が桜上水に変わっている。一帯が世田谷区桜上水という正式町名になったのは昭和四十一年（一九六六）と遅く、改称した同十二年段階では上北沢《かみきたざわ》町の一部であった。そもそもこの駅名は京王の創作のようで、「桜の名所としての玉川上水」である。

付近の玉川上水は現在では遊歩道と化しているが、戦後しばらくまでは江戸期以来のこの上水を実際の水道水として使っており、澄んだ水が勢いよく流れていた。この上水に面した上流側の有名な小金井の桜並木を連想してもらおう、という意図も隠されていたのではないだろうか。駅の南側には昭和初期の地形図ですでに宅地の区画に家が建ち始め、隣の上北沢駅の南側でも第一土地建物が分譲していたから、一帯のイメージアップのためにも、色気のない「車庫前」を払拭する改称が必要だったのだろう。

聖蹟桜ヶ丘、百草園、高幡不動については三駅連続の改称であるが、いずれも沿線の「観光地」だ。聖蹟は明治天皇ゆかりの地を意味しており、畏《かしこ》きあたりは多摩川で鮎漁、近隣の丘陵で兎狩りなどを楽しまれたという。これを記念して元宮内大臣の田中光顕《みつあき》が中心となって昭和五年（一九三〇）に完成させたのが円形の神殿風コンクリート建築――多摩聖蹟記念館で、これを公園の中心として据えたものである。関戸駅はその最寄りであったが、一足先に南武鉄道（現JR南武線）が記念館竣工の翌年に大丸《おおまる》駅を多摩聖蹟口と改称していた。京王電気軌道としては、ウチの関戸駅の方がはるかに近いのに、指をくわえて見ているだけじゃイカン、と改称候補に挙げたのではないだろうか。

百草園は江戸名所図会にも紹介された庭園で、江戸期に廃寺となった松連寺跡を庭園としたもの。高幡不動尊は平安時代からとされる古刹金剛寺《こんごうじ》の通称で、それまで地元の地名をシンプルに名乗っていたのに「園」と「不動」を加えて乗客にアピールした。同日改称の多磨霊園駅は「東京市公園墓地」が昭和十年（一九三五）に多磨霊園と改称されており、こちらは他の改称に時期を合わせたものだろう。

全国初は垂水から舞子への改称か

このような「観光改称」は戦前から行われているが、改称にはこれといった定型があるわけでもないので、どこが最初の事例なのか探すのは難しい。しかしなんとかこれを探るため、泥縄式に駅名をひとつひとつ眺めながら、該当する改称事例を明治から現在に至るまで百八十一ほど集めてみた。漏れているものもありそうだが、ピックアップしながら見えてくるものもあった（表8）。

調べた限りでは山陽鉄道が垂水《たるみ》駅を舞子《まいこ》と改称したのが最初のようだ。現在の舞子駅ができた時点でまた垂水に戻った（明治三十二年）ので紛らわしいが、改称は明治二十二年（一八八九）に行われている（九月一日とする資料があるが不詳）。もともと所在地は明石郡垂水村大字西垂水で、山陽鉄道が前年十一月に開通した際には地元の地名そのまま垂水停車場であったが、一年も経たないうちに改称されたのはなぜだろう。

実は舞子は居住地名ではなく、舞子ヶ浜（舞子ノ浜）という海岸の名前であった。当地の磯馴松《そなれまつ》を鍋島《なべしま》侯が「千両松」と賞讃し、淡路島を対岸に望む風光明媚の地として江戸期から親しまれている。明治二十六年（一八九三）には有栖川宮《ありすがわのみや》が別邸を建設、その後は別荘が建ち並んだ。付近の車窓は『山陽鉄道案内』（同社、明治三十四年発行）でも「須磨《すま》以西明石《あかし》に至る沿道の風景は全国鉄道中他に其比《そのひ》を見ず就中《なかんずく》舞子浜を以て其粋となす」と紹介した。地元の地名より知名度を高めていた舞子を名乗った方が乗客を誘致するためには良いと判断したのだろう。

その次は明治三十六年（一九〇三）、JR和歌山線の前身である紀和鉄道の名倉《なくら》駅が高野《こうや》口《ぐち》に改称した事例である。山深い高野山へ参詣するには長らく徒歩が当たり前だったが、明治三十四年（一九〇一）に開業したこの紀和鉄道を利用すれば大きく時間短縮が可能になった。このため名倉駅から南下して紀ノ川を渡り、支流の丹生《にう》川を遡るのが最短距離となったため、多くの参詣客がこの駅を利用するようになったのである。鉄道会社としても「最寄り」であることをアピールするために高野口と改称したのだろう。

駅の所在地は旧駅名と同じ名倉村であったが、明治四十三年（一九一〇）の町制施行を機に高野口町と改めている。駅名に自治体名を合わせる改称としても、おそらく初めてではないだろうか。それでも栄華はそれほど長続きせず、大正十三年（一九二四）に南海鉄道（現南海高野線）が九度山《くどやま》まで、翌十四年に高野山駅（現高野下）まで開通すると「口」としての機能は事実上終わってしまう。それでも駅名・地名（橋本市高野口町名倉）ともに現役である。高野口への改称と同じ年の五月には、やはりＪＲ和歌山線の前身のひとつである南和《なんわ》鉄道が葛《くず》駅を吉野口と改めた。

大正七年（一九一八）には伊勢鉄道（現近鉄名古屋線）の一身田町《いしんでんちょう》駅が高田本山《たかだほんざん》と改称している。真宗高田派の本山・専修寺《せんじゅじ》の最寄り駅であることを示すため、通称の「高田本山」を駅名にしたものだ。実際は参宮線（現紀勢本線）の一身田駅の方がずっと近いのだが、だからこそ改称したのかもしれない。ちなみに高田本山駅は昭和三十年（一九五五）まで今よりずっと寺に近かった。

ここまでは寺院の関係だが、昭和に入ると新しい「観光の時代」を反映したものが目立つようになる。東武鬼怒川線の前身である下野《しもつけ》電気鉄道の大滝駅は昭和二年（一九二七）に鬼《き》怒川《ぬがわ》温泉と改称しているし、同じく東武野田線（アーバンパークライン）の前身の総武鉄道は昭和五年（一九三〇）に開業した牛島駅を翌六年に「藤の牛島」と改めた。これは日本最大とされる藤の巨木「牛島のフジ」の最寄り駅としての売り込みを図ったものだろう。「藤」を先に置いたところに千客万来を願う気持ちが滲み出ている。

大都市近郊の温泉や遊園地も

東京横浜電鉄（現東急東横線）では大正十四年（一九二五）に開園した「温泉遊園地多摩川園」の最寄り駅として昭和六年（一九三一）に駅名を丸子多摩川から多摩川園前（現多摩川）と改めたし、小田急では鶴巻駅を昭和五年（一九三〇）に鶴巻温泉と改称している。しかしこの駅は非常態勢ということか、戦争末期の同十九年に鶴巻に戻され、戦後の同三十三年に再び改めて鶴巻温泉が復活した。同じ小田急小田原線では昭和十二年（一九三七）に新座間《ざま》駅が座間遊園と改称されている。線路のすぐ東側に遊園地が計画されたのだが実現せず、同十六年に座間と再改称して現在に至っている。遊園地の予定地は現在の座間谷戸山《やとやま》公園ではなく、その南の入谷東二丁目から三丁目にかけての住宅地だ。

後に目黒蒲田電鉄に吸収され、現在東急池上線となっている池上電気鉄道では、大正十五年（一九二六）八月に光明寺駅を廃止した後、すぐ近くに慶大グランド前（慶大グラウンド前とする資料もあり）を十一月に開業している。事実上の改称であろう。この年に完成した慶應義塾新田《にった》運動場で、蹴球（サッカー）場および陸上競技のトラックがあった。その後は日吉キャンパスに運動場ができることになって移転したが、駅名も昭和十一年（一九三六）に現在の千鳥町《ちどりちょう》に改称されている。

関西方面でも現在の阪急千里線の関大前駅の前身のひとつである花壇前駅が昭和十三年（一九三八）に千里山遊園と改称した。こちらも戦時中には「遊園」どころではなく園の名が改められて昭和十八年（一九四三）には千里山厚生園駅になり、戦後の同二十一年に再び千里山遊園に戻した。その頃に沿線に女子校の進出が計画されたため女子学院前と四回目の改称をするのだが、この計画は頓挫して堂々五回目の改称で開業時に似た花壇町駅と変わる。これが昭和三十九年（一九六四）に隣の大学前駅と統合、ようやく現在の関大前に落ち着いた。日本で最も改称回数の多い駅である。

兵庫県の山陽電気鉄道では舞子駅（初代）を昭和十年（一九三五）に舞子公園と改めた。これに伴って隣の山田駅が舞子駅（二代目）を名乗ったが、その二年後に西舞子と再改称して現在に至る。名鉄の前身である愛知電気鉄道では岡崎城趾に明治期にできた岡崎公園の最寄りとして西岡崎駅を昭和十一年（一九三六）に岡崎公園前と改称した。

既設の路線に「観光駅」が続々と新設

明治期まではおおむね寺社参拝に限られていた「観光」の幅は広がり、公園で余暇を過ごしたり、阪急の開発した宝塚を代表とする「総合レジャーランド」に人気が集まり、また西欧由来のスポーツが盛んになるのに従ってさまざまな施設が増え、改称以上に駅が新設されるケースが増えていった。

先ほどは改称の例として慶大グランド前を挙げたが、JR南武線の前身である南武鉄道も昭和二年（一九二七）にグラウンド前駅（現武蔵小杉）を東横線との交差地点すぐ西側に設置している。その名の通り、駅のすぐ北側には第一生命のグラウンドが広がり、東横線の線路を越えた駅の南東側には横浜正金《しょうきん》銀行（後の東京銀行、現三菱UFJ銀行）倶楽部のグラウンドがあった。文字通りの駅名であるが、逆にグラウンド以外は田んぼが広がるのみで、昨今のようにタワーマンションが林立するなど当時は想像もできなかったに違いない。余談だが一帯は多摩川の旧河道にあたるため、タワマンの地下に不用意に電気室などを置いてはいけない。武蔵小杉駅はこれとは別に現在の中原区役所の目の前にあったが、戦時中の昭和十九年（一九四四）に国有化された際に統合され、グラウンド前駅の場所が現在の武蔵小杉駅となっている。

静岡電気鉄道（現静岡鉄道）でも昭和五年（一九三〇）に同社が移設した野球場を草薙《くさなぎ》に開設、運動場前駅（現県総合運動場）を新設した。同十四年にこの運動場は電鉄が県に寄付、現在では静岡県草薙総合運動場となっている。遊園地の関連では、青梅鉄道（現JR青梅線）が自社の開発した遊園地の最寄りとして昭和三年（一九二八）に楽々園《らくらくえん》（現石神前《いしがみまえ》）駅を新設した。また神奈川県の神中《じんちゅう》鉄道（現相模鉄道）は実業家が別荘庭園を公開した常盤園《ときわえん》の最寄り駅として常盤園下駅（現和田町）を昭和五年（一九三〇）に設置している。

京成電気軌道（現京成電鉄）は昭和二年（一九二七）に自社の経営する谷津遊園地の門前までわざわざ一・二キロの支線を敷設、終点に谷津遊園地駅を設けた。同九年には廃止して本線上の谷津海岸駅を同十一年に谷津遊園駅に改称したが、戦時体制下の同十四年には谷津海岸に戻り、戦後の昭和二十三年に再び谷津遊園駅となるが、遊園地の閉園に伴って昭和五十九年（一九八四）に谷津駅と改称、現在に至っている。同電鉄は中山競馬場の最寄りに競馬開催日に合わせて臨時駅を昭和初期から設置、それが現在の東中山駅となった。

目黒から昭和八年（一九三三）に府中へ移転した東京競馬場の最寄り駅としては、国分寺から多摩川の河川敷まで南下していた中央本線下河原貨物線（砂利線）を途中から競馬場近くまで分岐させた支線を建設、翌九年に東京競馬場前駅（仮停車場）が設置された。戦後は常設駅となり、日本で最も長い駅名（平仮名十三字）で知られていたが、武蔵野線の開業とともに昭和四十八年（一九七三）に廃止されている。競馬場は観覧者数が大きく、沿線に鉄道路線があれば臨時や仮設を含めて駅は戦前から多く設置された。なお「競馬場駅」については、競馬の実況放送アナウンサーであり、鉄道に詳しい矢野吉彦さんが著書『競馬と鉄道』（交通新聞社新書）で詳細に紹介しているので一読をお薦めしたい。

水泳場からダンスホールまで

公園・遊園地やグラウンドなどの他にも、「遊び」に関する駅は昭和に入ってから次々と設置された。たとえば昭和二年（一九二七）に信貴生駒《しぎいこま》電気鉄道（現近鉄生駒線）に萓山《たけやま》駅が臨時駅として設置されている。萓山は地名ではなく（所在地は現奈良県生駒市小平尾《こびらお》）、キノコ狩りや秋の観楓の便を図るためのものだ。現在はキノコの山が転じて丘陵の新興住宅地の東山《ひがしやま》駅として存続している。

京浜工業地帯のまん中を走るＪＲ鶴見線の前身である鶴見臨港鉄道には海水浴前という駅も昭和六年（一九三一）に設けられた（現在の武蔵白石〜浜川崎間）。当時はすでにコンクリート岸壁に囲まれた工業地帯で、どこで泳ぐのか不思議に思われるかもしれないが、海辺のこの駅から渡船で沖合へ向かい、現在ではＪＦＥスチールの製鉄所となっている扇島の浜で泳いだそうだ。

当時の水泳は河川でも広く行われており、たとえば群馬県を走る上信電鉄には昭和五年（一九三〇）に水泳場前駅が設置されている。「高崎水泳協会」の紹介文によれば上信電鉄が鏑《かぶら》川を堰《せ》き止《と》めて長さ二〇〇メートルあまりの「プール」を開設したそうだ。ここに田中絹代、高杉早苗などの女優を招くなどして盛況だったというが昭和十二年（一九三七）の日中戦争勃発により閉鎖となった。翌十三年には駅名も入野《いりの》と改められている（昭和六十一年に現在の西山名《にしやまな》に再改称）。東武東上線にも入間川水泳場（臨時駅）が、これはかなり古く大正九年（一九二〇）に設置されている。夏季のみの営業であったが戦時中には開かれなくなったようだ（社史によれば正式廃止は昭和二十六年）。

神戸電鉄粟生《あお》線の前身である三木電気鉄道が神戸有馬電気鉄道（現神戸電鉄粟生線）の鈴《すず》蘭台《らんだい》駅を起点に最初に開業した区間の終点は広野《ひろの》ゴルフ場前駅であった。駅の設置は昭和十一年（一九三六）のことであるが、同七年に開場した名門、広野ゴルフ倶楽部の目の前の駅として開業している。しかし例によって戦時中の同十七年に当時の所在地の大字名をとって広野新開《しんかい》と改められた。元の駅名に戻るのは戦後の昭和二十六年（一九五一）のことである。

同線で異例な駅名としては鈴蘭ダンスホール前駅であろう。この区間が開通した翌年の昭和十二年（一九三七）の開業であるが、やはりダンスを楽しんでいる場合ではない時代となり、広野ゴルフ場前駅と同日に地元の地名をとって小部西口《おうぶにしぐち》と改称された。ゴルフ場と違ってダンスホールは復活することもなく、昭和三十七年に鈴蘭台西口と再改称されて現在に至る。ネットの記事によれば駅すぐ近くの鈴蘭台小学校あたりにホールはあったが戦前に焼失したらしい。

最後にレジャー施設ではないが、珍しい事例なので挙げておきたいのが、大阪鉄道（現近鉄南大阪線）の針中野《はりなかの》駅。大正十二年（一九二三）の布忍《ぬのせ》～大阪天王寺（現大阪阿部野《あべの》橋《ばし》）間の開通時に設けられたもので、大阪市のホームページ（058　中野のはり）によれば、平安時代から続く中野鍼灸院《しんきゅういん》に由来する。四十一代目の中野新吉氏は西洋医学も学んで独自の鍼法を開発し、その効き目が抜群だとして近畿一円から「中野鍼まいり」として一日五百人以上が殺到、来館者を泊める宿舎も建てられたほどの賑わいだったという。そこで大阪鉄道の開業に尽力したお礼に「針中野」という駅名になった。

その後、昭和五十五年（一九八〇）には駅名に合わせて正式に東住吉区針中野という町名が設定されている。中野家の当主は固辞したそうだが、駅名の通称地名としての威力は大きかったようだ。ちなみに昭和五年および九年に鉄道省が編纂した『鉄道停車場一覧』にはいずれも「鍼中野」と記されているが、国立公文書館に所蔵された大阪鉄道の簿冊中の「竣功監査報告」に記された駅名は「針中野」なので、やはりこれが正しそうだ。鉄道省の役人が「本来は鍼の字だろう！」と思わず教育的気分になって独断で書き換えてしまったのか。

戦後の観光改称

観光客の増加を狙って富士吉田駅を改称した富士急行の「富士山」駅

敗戦からしばらく経ち、ようやく経済的にも戦前の水準を上回った高度成長期になると、再び観光の時代が訪れた。旅行へ出かけたいベビーブーマーの若い世代も激増し、全国各地で観光地化の波が押し寄せる。大まかな傾向としては一九五〇～六〇年代は遊園地や山、湖などであったのに対して、七〇～八〇年代には「温泉」が増える傾向が明らかだ。それまで地名だけであった温泉地の駅が、宇奈月《うなづき》→宇奈月温泉、武雄《たけお》→武雄温泉、温海《あつみ》→あつみ温泉、和倉《わくら》→和倉温泉、浅虫《あさむし》→浅虫温泉という具合に変更されている。九〇年代は改称で温泉駅が最も多く誕生した時代だ。遊園地などから温泉への改称傾向の変化は、人口の「重心」が上がったためだろうか。

もうひとつ観光改称のきっかけになったのが昭和六十二年（一九八七）の国鉄分割民営化である。ＪＲになった後にこの種の改称が爆発的に増えた。民営化の前後に国鉄から切り離されたローカル線は第三セクター鉄道へ移管されるか廃止かの選択を迫られたが、当時は自動車免許証を持っている人が急増していたこともあり、残った鉄道路線でいかに集客するかで知恵を絞った一連の営業努力の表われだろう。もちろん場合によっては地方自治体の観光推進の政策も関係している。

この時期の改称例を挙げれば、たとえば飯山線の戸狩《とがり》駅が戸狩野沢温泉に、花輪線の岩手松尾駅が松尾八幡平《はちまんたい》、同じく龍ケ森が安比《あっぴ》高原、北海道の釧網《せんもう》本線では町名である弟子屈《てしかが》駅をやめて著名な湖の「摩周《ましゅう》」に変更するなど大胆なものも目立った。「温泉」を付けるのも定番となったが、北上《きたかみ》線の陸中川尻《りくちゅうかわしり》駅は温泉でも「ほっとゆだ」といかにも新奇なものを狙った。この頃からひらがな化も目立ち、奥羽本線では上《かみ》ノ山駅がかみのやま温泉になり、蟹沢《かにさわ》駅は移転して「さくらんぼ東根《ひがしね》」と改められている。中央本線では山梨県の名産をアピールすべく勝沼駅が「勝沼ぶどう郷」となった。京福電鉄（現えちぜん鉄道）三国芦原《あわら》線では芦原湯町駅を「あわら湯のまち」にするなど、ひらがな市名が溢れる将来の「平成の大合併」を予見させる趣向もこの頃からである。

字を変えた駅・読みを変えた駅

コラム４

旭川はかつて「あさひがわ」

静岡県の山奥に中《ちゅう》部《ぶ》天竜《てんりゅう》という駅がある。天竜川に面したＪＲ飯田線の駅であるが、まだ私鉄の三信《さんしん》鉄道であった頃、初代佐久間駅が昭和十年（一九三五）に改称されたのがこの駅だ。「中部」というスケールの大きな冠称が印象に残ったが、その履歴を知って驚いた。最初は「なかっぺてんりゅう」だったのである。

中部《なかべ》は地元の集落の名前で、鎌倉時代にも文献に見える中《なか》辺《べ》名《みょう》に遡る歴史的な地名で、方言で「なかっぺ」と発音されていたのだろう。それを忠実に駅名の読みとして採用した。しかし昭和十八年（一九四三）八月一日に「ちゅうぶ」と読みが変更される。戦時中に飯田線として国有化された日のことだが、鉄道省（同省は同年十一月に運輸通信省鉄道総局に改組）の役人が「方言読み」を恥ずかしいとでも思ったのだろうか。変更された「ちゅうぶ」の読みは現在に至るまでそのままだ。駅の所在地は半場《はんば》で中部は対岸だが、駅名と現地の大字名の食い違いはずっと続いている。

北海道の旭川駅は今でこそ市名と同じ「あさひかわ」だが、昭和六十三年（一九八八）までは駅だけ濁音の「あさひがわ」だった。しかし意外なのは明治三十一年（一八九八）に最初に開業した時のカワを同三十八年（一九〇五）四月一日にわざわざガワに変更したことである。この日は道内の官営鉄道が道庁から逓信省鉄道作業局（鉄道院・鉄道省の前身）に移管された日で、あたかも同日に剣淵駅が「けぬふち」から現在の「けんぶち」に読みが変更された。古くはケネフチ、ケヌプチ、ケノフチなどと称したというから、政府直営になったのを機に読みを「内地風に変えるべき」とする担当官がいたのかもしれない。旭川の読みをガワにするのが内地風かどうかはわからないけれど。ついでながら東旭川、新旭川の両駅も旭川駅と同じ昭和六十三年（一九八八）に濁点を外している。

濁点の有無を変更したケースは茂原（現外房線・もはら↓もばら）、小櫃（現久留里線・おひつ↓おびつ）、宇久井（現紀勢本線・うぐい↓うくい）、豊後竹田（豊肥本線・たけだ↓たけた）、南平（現京王線・みなみたいら↓みなみだいら）などなど、探してみるとかなり多い。宇久井駅は地元の新宮鉄道から国鉄紀勢中線になった昭和九年（一九三四）に濁点を外されているのだが、最近に話をした地元の人は「うぐい」と発音しており（大字名には濁点がある）、駅名に濁点のないことをご存じなかった。

三重県の尾鷲駅は「おわし」から「おわせ」に変わった。『角川日本地名大辞典』によれば古来オワシと発音していたそうだが、昭和二十九年（一九五四）の市制施行を機に正式に「おわせ」に決めている。駅名が変わったのはその五年後の同三十四年七月十五日。紀勢東線と紀勢西線がようやく結ばれて全通した日だ。それまでの間は市名と駅名の読みが不一致だったが、これで統一されたことになる。地元の人の発音は「オワシェ」という話も聞くので、それなら表記はどっちでも同じことかもしれないが。

読みが変わった例で珍しいのが中央本線の猿橋駅。明治三十五年（一九〇二）に開業した際には「えんきょう」と読ませていたのを、大正七年（一九一八）に現在の「さるはし」に変えた。駅の所在地は殿上《とのうえ》で、日本三奇橋の猿橋までは一・二キロほど離れている。橋は昔から猿橋村にあって、村名の「さるはし」という読みは変わらないが、駅の設置時には音読みをありがたがる傾向があったのか。

苅田駅は読みと字が三回も変更

九州で何度か読みが変わったのが福岡県の苅田《かんだ》駅である。明治二十八年（一八九五）に開業した当初は私鉄の九州鉄道で、その後は同四十年に国有化、同四十二年の線路名称の決定で豊州《ほうしゅう》本線となり、大正十二年（一九二三）に現在の日豊本線となった。苅田駅は当初は草冠のない刈田で「かんだ」と読ませ、国有化した四か月後に字が苅田に変更されている。ところが大正七年（一九一八）十月十六日に読みが「かりた」に変わった。同日には両毛線の富山《とみやま》駅が大平下《おおひらした》に改められており、こちらは北陸本線の富山駅との混同防止と考えられるから、翌八年三月一日に東京市で神田駅（中央本線）が設置されるのを前に混同を避けるために改称したのではないだろうか。

「かりた」にされてしまった地元の住民は不本意だったに違いない。古代の刈田郷以来の歴史的な地名だ。古い読みはカタまたはガタ（干潟のある遠浅の海の意とされる）で、おそらくカリタなどと読んだことはなかったはずである。そして戦後の昭和三十四年（一九五九）十月一日、四十年も経ってようやく本来の読み方「かんだ」に戻った。この地はセメント工業が盛んであるが、読み方もようやくこの時に固まったのである。

実はこの日に全国で二十二駅が一斉に改称された。市制施行などによる自治体名変更に合わせるための赤穂《あかほ》→駒ケ根（飯田線）、昭和前→昭島《あきしま》（青梅線）、沼崎《ぬまさき》→上北町《ちょう》（東北本線・現青い森鉄道）、旭町《まち》→旭（総武本線）などに混じって、飯田線の田畑駅の読みの変更がある。「たはた」から「たばた」への変更だが、これは苅田と同様だ。地名辞典で調べると本来は「たばた」で、やはり東北本線（山手線・京浜東北線）の田端駅との混同回避で濁点を奪われていたのだろう。戦前の「官尊民卑」からの脱却が進んでいたと見るべきか。

自治体名に合わせたと思われるのは昭和三十七年（一九六二）の日豊本線佐伯駅（大分県佐伯市）の「さえき」から「さいき」、青森県の三厩村では津軽線の三厩駅が平成三年（一九九一）に「みうまや」から「みんまや」にそれぞれ変更された。前述の尾鷲駅はともかく、自治体が採用する伝統的な読みを排して国鉄の駅名だけが上から目線で「標準語的な読み」を強要していた歪みの矯正だったのではないだろうか。

読みを変えずに字を変える――程ケ谷から恋し浜まで

字だけ変わった駅名もある。有名なものとしては保土ケ谷《ほどがや》駅だろうか。明治二十年（一八八七）に開業した当初は程ヶ谷の表記であった。歌川広重の「東海道五十三次」では保土ヶ谷だが、明治二十五年測量の迅速測図（地形図）の図名は程箇谷、同三十九年測図の図名は保土谷といずれも違う。ここに限らず当時はいろいろな書き方が通用していた。駅が開業した二年後には町村制が施行されて橘樹《たちばな》郡保土ヶ谷町が発足する。昭和二年（一九二七）には横浜市に編入されて保土ヶ谷区になった。このあたりで一致の気運が盛り上がったのかもしれないが、現在の保土ケ谷駅に改められている。

第九章でも述べたが、明治三十九年（一九〇六）に鉄道国有法が施行されて翌年にかけて国有化が進められた時期では、翌四十年に日本鉄道から後の東北本線と八戸線となる路線で一ノ戸、三ノ戸、八ノ戸の各駅が一戸、三戸、八戸と改められ、現日豊本線では宇ノ島駅が宇島に、現総武本線では四ツ街道駅が四街道に表記が変更された。

わたらせ渓谷鐵道の前身である国鉄足尾線は、大正七年（一九一八）に買収されるまで足尾鉄道という私鉄だったが、その時代の明治四十五年（一九一二）、前年に開業したばかりの相生駅《あいおい》を「相老」に変えた。兵庫県の相生駅と区別するためとする「説」もあるらしいが、そちらが那波駅《なば》から相生駅に変わったのは昭和十七年（一九四二）とだいぶ新しいので違うだろう。しかしその時期に相生という駅はなかったので、何のために字を変えたのかわからない。

現在では桐生市になっているが、駅名の元となった相生村は昭和二十九年（一九五四）まで存在し、この村名は大字下新田《しもしんでん》に現存する樹齢推定三百年という「相生のマツ」に由来する。夫婦和合のシンボルなので、ひょっとして相生より「相老」の方が長命をイメージできるから、という足尾鉄道独自の判断だろうか。今も相生町にあるこの駅は相老を名乗ってからすでに一世紀を超えた。

その足尾線が平成元年（一九八九）にわたらせ渓谷鐵道に移管された際、神土駅《ごうど》が神戸《ごうど》に表記を変更した。地元の地名は江戸時代以前から神戸村なのだが、大正元年（一九一二）に開業した際には兵庫県庁のある神戸市との混同を避けて神土に変更したという。三セクとなったことで重複回避の必要性も失せ、ここもようやく本来の字で表記できるようになった。

いかにも最近らしい事例では、京葉線の千葉港《みなと》駅が平成四年（一九九二）から千葉みなと駅に変更されたことが挙げられる。知らない人の多くが「ちばこう」と誤読する事情が背景にあったらしい。もうひとつは三陸鉄道の小石浜《こいしはま》駅で、同名の集落に由来する駅名であったが、地元のホタテブランドに合わせて平成二十一年（二〇〇九）に「恋し浜」と改めた。いかにも村おこし的な雰囲気である。

第十一章　防諜のための改称

「兵営」行き電車

大正十三年（一九二四）二月二十三日、兵営行きの電車が走り始めた。この新線の起点は福井県の北陸本線武生《たけふ》駅から線路沿いに三〇〇メートルほど北上した武生新駅で、そこから五・三マイル（約八・五キロメートル）の距離である。会社は福井と武生を結ぶことから福武電気鉄道と称したが、この路線の敷設目的は兵営駅の前に陣取る陸軍歩兵第三十六聯隊の「兵員輸送」を名目としていたという。本来であれば福井と鯖江、武生の都市間連絡の便を図った路線だろうが、当時の鉄道省が国有鉄道との「並行線」を認めなかった建て前から、「兵員輸送」がことさらに強調されたのかもしれない。翌大正十四年には福井市駅（後の福井新駅より少し北側）まで延伸している。

いずれにせよ、兵営駅は鯖江の聯隊へのアクセスを大幅に改善した。それまでは北陸本線の鯖江駅から旧北陸道を経由して三・四キロほど歩かなければならなかったのに、営門から歩いてわずか一四〇メートルという至近距離に駅ができたのだから、それまでとは大違いだ。

現代的な感覚ではわかりにくいかもしれないが、地方は兵営が来ることを歓迎した。ひとつの聯隊が来れば千人から数千人の兵士が居住し、それを機に道路や水道などインフラ整備の起爆剤にもなるため、誘致に成功すれば地域経済には大きく貢献する。このあたりは『軍隊を誘致せよ』（松下孝昭著、吉川弘文館）に詳しいが、地主からの積極的な土地の献納など、誘致合戦は熱を帯びていたという。各聯隊の兵営前には面会家族などのための旅館や土産物屋、兵士たちを相手にする理髪店、飲食店などが林立し、文字通り「門前市をなす」賑わいが現出された。

その兵営駅の名前が「中央」に変わったのが昭和十四年（一九三九）である。当時の駅の所在地は今立《いまだて》郡神明《しんめい》村大字水落《みずおち》八七字神明野（開通時の官報）で、なぜ中央という駅名が選ばれたかは謎だが、いずれにせよ兵営と名乗るべきでない何らかの理由が生じたのであろう。これは各地の軍施設を名乗る駅名の改称の推移を網羅的に調べてみることで明らかになる（**表9**）。

この年の十二月に真珠湾攻撃から対米戦争が始まるが、すでに対日石油禁輸などで日本はかなり追い詰められており、資源獲得のため南方へ進出すべきタイミングを図っている時期であった。昭和十二年（一九三七）に日中戦争が始まった翌年には国家総動員法も施行され、同十五年には大政翼賛会が発足して政党政治も終焉を迎えた。あらゆる場面において国家による統制がいよいよ強まっていたのである。

昭和十五〜十六年に相次ぐ改称

昭和十六年（一九四一）に全国で改称された軍施設および戦略的に重要なものに関連する駅を挙げてみると、首都圏では小田急電鉄の通信学校駅（陸軍通信学校の最寄り）が相模大野、士官学校前駅が相武台《そうぶだい》前に改められ、西武鉄道川越線（現新宿線）では所沢飛行場前駅が所沢御幸《みゆき》町、同村山線（現新宿線・西武園線）の村山貯水池前駅が狭山公園、多摩湖鉄道（現西武多摩湖線）の村山貯水池駅が狭山公園前、武蔵野鉄道山口線（現西武狭山線）の村山貯水池際《ぎわ》駅が村山駅とそれぞれ改称されている。東京市民の飲料水を貯める村山・山口の両貯水池は近郊の観光地としても知られていたが、攻撃された際の影響の甚大さをふまえたものだろう。

名古屋鉄道では瀬戸線の聯隊前駅が二十軒家《にじっけんや》、同美濃町線の兵営前停留場が北一色《きたいっしき》、京阪本線の師団前が藤森《ふじのもり》、山陽電鉄網干《あぼし》線の日鉄前《にってつまえ》（仮駅）が広畑《ひろはた》という具合に、いずれも軍の施設または軍需工場、そして貯水池の名がおおむね地元の地名などに変えられている。

これらの改称は必ずしも昭和十六年（一九四一）に限ったものではなく、前年の同十五年には湘南電気鉄道（現京急本線）の軍需部前駅が安針塚《あんじんづか》、横須賀軍港駅が横須賀汐留《しおどめ》、陸軍士官学校の西側にあった相模鉄道（現ＪＲ相模線）の陸士前駅は相武台下に改められ、今はなき浜松鉄道（後の遠州鉄道奥山線）の聯隊前駅は上池川《かみいけがわ》、飛行聯隊前駅は小豆餅《あずきもち》（徳川家康の伝承がある珍地名）、廠舎口《しょうしゃぐち》駅が曳馬野《ひくまの》と三駅が同時に改称されている。また関西では京阪石山坂本線の兵営前駅も別所（現大津市役所前）に改められた。

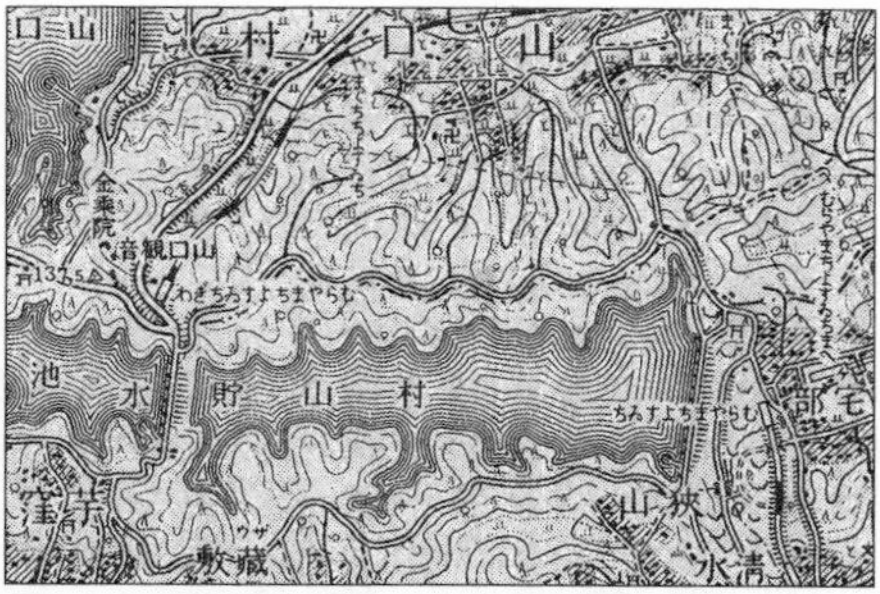

戦時中に改称の対象となった村山貯水池、村山貯水池前、村山貯水池際、山口貯水池の各駅。1:50,000「青梅」昭和12年修正

手元の資料では改称時期がはっきりしないが「昭和十五年頃」に変えられたものには大都市を走る市電の停留場名が目立つ。東京市電（後の都電）では一聯隊前が竜土町《りゅうどちょう》、海軍大学校前が上大崎二丁目、三聯隊裏が墓地裏となり、西武鉄道新宿線（後の都電杉並線）は浄水場前が角筈《つのはず》二丁目などに改称された。松本市内の路面電車であった松本電気鉄道浅間線（廃止）では聯隊裏停留場が三軒屋に、和歌山の路面電車（和

歌山電気軌道。後の南海和歌山軌道線）では憲兵隊前が真砂町《まさごちょう》、兵営前が小松原通五丁目に、高知鉄道軌道線（現とさでん交通伊野《いの》線）では営所前が朝倉《あさくら》、鹿児島市電は伊敷《いしき》兵営前を伊敷に、それぞれ改称した。

それ以前の改称は少ないが、目を引くのは昭和十三年（一九三八）に名古屋鉄道各務原《かかみがはら》線で四駅が一斉に改称されたケースだ。具体的には一聯隊前駅が各務原運動場前、飛行団前駅が六軒、航空廠前駅が三柿野《みかきの》、二聯隊前駅が名電各務原というものであった（各務原の読みを名古屋鉄道では「かがみはら」から昭和四十年に「かかみがはら」に変更）。いずれにせよ、近接した数年の間にこれだけ全国に及ぶ多くの駅が改称されたのであるから、政府の意図がなかったとは考えられない。少しずつ改称時期がずれているところも、この改称意図が露見しないための工作だった可能性はないだろうか。

地形図で行われた「擬装」と同時期

実は地図の世界でも似た動きがあった。いわゆる「戦時改描」である。日中戦争が始まった年である昭和十二年（一九三七）に軍機保護法が改正施行された。これを受けて国土地理院の前身である陸軍陸地測量部は、地形図の描写にあたって軍施設および戦略的に重要な施設等を、「敵」の目を欺くため他のものに擬装する加工を施したのである。具体的には兵営や練兵場、飛行場、弾薬庫といった軍の施設はもちろん、重要な民間工場、港湾の引込線や鉄道の操車場、ダムなどの発送電施設といったものを「住宅」や「田畑」、「森林」などにせっせと擬装作図していった。

もちろんそれ以前から軍港や海峡付近といった要塞地帯に関しては地形図が一般に販売されておらず、一部が要塞外にかかる地域では要塞地帯のみ空白表示で一般の目から隠されてはいたが、嘘を描くことまではしていない。意図的に地図に嘘が掲載されたのはこの時期からで、このあたりが日本の地図史における「曲がり角」であった。

地図史に詳しい元国土地理院の山岡光治氏の著書『地図作りを支えた技術者たちの道』（私家版）によれば、この改描指示は昭和十二年（一九三七）七月付の参謀本部総務部長から陸軍次官への通牒「一般販売用地図の描画及取締法変更に関する件」に示されたもので、文末には「本件ハ新聞発表ヲ禁止シ、逐次秘密裡《り》ニ変更セラル筈ニ付為念《つきねんのため》」と記されていたという。国民には改描そのものを知らせずにこの重大な決定はなされたのである。

改称を命じた文書が見つからない

私は私鉄の歴史を調べるために国立公文書館に通っては「鉄道省文書」を閲覧してきたが、この時期の改称に関する文書にお目にかかったことがない。もちろん改称の文書を目的に閲覧したわけではないので見落としはあるかもしれないが、前述の参謀本部総務部長からの「逐次秘密裡ニ変更セラル筈」という通牒から類推すれば、このような改称関係の書類も、たとえば用済み後は速やかに処分を求めるなど、文書そのものが保存されなかった可能性も高いのではないだろうか。

第二次世界大戦が終わった直後、霞ヶ関の官庁街では文書を焼く煙がずっと立ち上っていたというが、そのあたりで焼却処分された可能性もあるだろう。平成から令和の今になって公文書改竄や文書廃棄など、時代の逆行を感じさせる事例がにわかに目に付くようになったが、外交問題では日本政府が秘匿していた文書がアメリカの国立公文書館から発掘されることも目立ち、これは半分冗談であるが、駅名改称関連の文書があちらから出てこないとも限らない。

その改称文書であるが、たまたま私が平成二十年（二〇〇八）に富山県公文書館で富山市電（現富山地方鉄道富山市内軌道線）の停留場の改廃を調べていた際、練兵場前と聯隊前の両停留場を県立富山工業学校前、五福《ごふく》（両者とも現大学前停留場付近）にそれぞれ改称する件について、昭和十五年（一九四〇）九月十八日付の次のような書類を見つけた。

時局柄防諜関係上兵営其ノ他軍事施設ノ名称ヲ標示シ其ノ所在ヲ殊更発表スルガ如キコトハ此際変更サレタキ旨□□□（数文字不明）本県警察部ヨリ申入レノ次第モ有之

各県の警察部といえば当時は内務省管轄下にあった府県庁の一部局で、キャリアの内務官僚（奏任官）が警察部長をつとめていたから、国の方針であることは間違いない。

小田急の士官学校前駅が相武台前と改称されたことについて『小田急五十年史』（昭和五十五年、一四六ページ）には、相武台が単なる地名ではなく、昭和天皇が市ヶ谷からの移転に際して下賜した「乃《すなわ》チ武ヲ相《み》ルノ意ヲ寓シ給ヒタルモノ」（相武台の石碑）に由来する名称であることから、「なにぶんにも陛下のご命名という由来があるだけに軍は難色を示し、結局、相武台ではイカンが相武台前ならまアよかろう、ということでやっと認可になった」とするエピソードが載っている。

改称理由については同書でも「同じ日に通信学校駅も防諜上の理由から相模大野と改称さ

れているので、士官学校の場合も同一趣旨と思われるが」としているが、社史でも文書としての明確な証拠がない以上、推測するしかなかったのだろう。

ちなみに相武台が地名になったのは戦後のことで、座間市が昭和三十六年（一九六一）、相模原市が同四十四年からだ。元の地名は座間の方が大字座間入谷《いりや》、座間、栗原、相模原は新戸《しんど》と新磯野《あらいその》の各一部で、やはり駅名に合わせた地名ではあるが、さすがに「前」を付けて恭順の意を示さなくてもいい時代になったということだろう。

宗教弾圧に関連する「改称」

ここでもうひとつ、防諜とは異なるが宗教にまつわる改称の事例を紹介しよう。

現在のパーフェクトリバティー教団（元PL教団）は、御嶽《おんたけ》教徳光《とくみつ》大教会（初代教祖御木徳一《みきとくはる》）として大正五年（一九一六）に始まったが、昭和六年（一九三一）に「扶桑《ふそう》教ひとのみち教会」と改称する。教団は大きく発展して同九年十月には千八畳敷の大広間のある三階建ての仮本殿を建設した。その最寄り駅として昭和十一年（一九三六）八月一日に大阪電気軌道が設けたのが人ノ道駅（現近鉄奈良線河内永和《えいわ》駅）である。

まさに宗教団体の名前そのものを駅名に採用したわけであるが、前例がないわけではない。

まずは金光教《こんこう》の「金神《こんじん》」に由来する山陽鉄道の金神駅（現山陽本線金光駅）が明治三十四年（一九〇一）に開業しているし、その後は天理軽便鉄道（現近鉄天理線）の天理駅（大正四年開業）があった。後者は現在でこそJR桜井線の駅も含めてこの名前で市名も天理市であるが、かつては天理教が信者輸送のために設立した天理軽便のみがこれを名乗っており、桜井線の駅は地元の地名である丹波市《たんばいち》であった（天理教本部も丹波市町に所在）。

多くの信者を集める教団が当局に睨まれるのは世の常で、昭和十二年（一九三七）四月五日に初代教祖の御木徳一と二代目の御木徳近《とくちか》が共に不敬罪で検挙されてしまう。容疑事実は「教団の協議の根本ならびに布教の事蹟に関し神宮に対する不敬行為ありてわが国体の本義に悖《もと》り国民の敬神思想上許すべからざるものと認めたる」ことという（『大阪朝日新聞』昭和十二年四月六日付。神戸大学附属図書館デジタルアーカイブ）。そして検挙からわずか十七日後の二十二日に駅は休止となり、教団も解散させられた。駅は翌十三年二月一日には再開されたが、地元の地名をとって永和駅と変わっている（同十六年には現在の河内永和に再改称）。

教団は戦後の昭和二十一年（一九四六）に御木徳近が「PL教団」として復活させたが、同四十九年にはその原義である「パーフェクトリバティー教団」に改められている。現在の教団本部はPL学園高校などとともに大阪府富田林市にあるが、人ノ道駅のあった現在の東大阪市永和の地名の元をたどると興味深い。実は永和は明治六年（一八七三）に渋川郡荒川村から、元の枝郷であった三ノ瀬・横沼・長堂《ちょうどう》の三村が分離独立して成立した永和村《ながにご》に由来する。立村に際しては「永久に平和」という願いを込めた（『角川日本地名大辞典』）とされており、英語にすれば「パーフェクトリバティー」となることから、これが偶然とは思えない。

「時局の空気」を忖度して改称？

戦時中に遊園地が閉園または休止となり、駅名がこれに合わせて変更される例はすでに述べたが、実態はあるのに時代の雰囲気に合わせたらしい改称も見受けられる。こちらについては防諜改称でもないから文書が最初から存在するとは思えないが、いくつか実例を並べてみると、鉄道会社がわざわざ手間をかけて改称した当時の「空気」が浮かび上がってくる。名づけて忖度改称だろうか（表10）。

まずは温泉関係。戦時体制で東京の南西部の私鉄は目黒蒲田電鉄、東京横浜電鉄を中心に小田急電鉄、京浜電気鉄道、帝都電鉄を併せた形で昭和十七年（一九四二）に東京急行電鉄にまとめられている（昭和十九年に京王電気軌道も合併）。現在ではここから昭和二十三年の再分割に至る時期を「大東急」と呼んでいるが、自社の路線にある五つの駅を昭和十九年（一九四四）十月二十日に一斉改称した。

東横線の綱島温泉駅を綱島、大井町線の二子読売園《ふたこよみうりえん》駅を二子玉川、小田原線（現小田急）の鶴巻温泉駅を鶴巻、湘南線（現京急）のキリンビール前駅をキリンにそれぞれ改めたのだが、温泉と遊園地、それにビールであるから、これは「非常時」の空気にふさわしくないと判断したのではないだろうか。社名としては岩手県の花巻温泉電気鉄道が昭和十六年（一九四一）に「温泉」を外して花巻電気鉄道に改称している。長野県の上田温泉電軌は同十四年に上田電鉄に改称した。これは忖度にしては時期が早いかもしれないが。

これは改称の話ではないが、戦時中に海軍施設への足として神奈川県の三浦半島に建設された東急（現京急）久里浜線の興味深い駅名を挙げておこう。いわゆる「不要不急」の路線建設があらかた停止させられていた昭和十七年（一九四二）十二月の開業だが、横須賀堀内《ほりのうち》（現堀ノ内）〜久里浜（仮駅）間の路線には途中駅として鳴神《なるかみ》（現新大津）、昭南《しょうなん》（現北久里浜）の二か所が設けられた。

これらはいずれも地元の地名とはまったく関係なく、鳴神駅はアリューシャン列島のキスカ島、昭南はシンガポールのそれぞれ日本名の鳴神島と昭南島である。前者は真珠湾攻撃の半年後に日本軍が占領して命名し、後者は同じく昭和十七年（一九四二）二月に日本が占領して昭南島と命名したので、それぞれ「新領土」を記念したものと思われるが、周知の通りやがて双方ともに米英軍によって奪還される。誰が命名したかは謎であるが、建設を要請した海軍幹部の意向によるものか、それとも鉄道会社によるあからさまな阿諛追従《あゆついしょう》であったのか。

戦時中からの「アイヌ語駅名」排除と台湾の大改称

昭和十七年（一九四二）四月一日に道内で三駅が改称された。室蘭本線の敷生《しきふ》駅を竹浦に、知床《しれとこ》駅を萩野《はぎの》、根室本線の下頃部《したころべ》駅を新吉野というもので、いずれもアイヌ語由来の名を「内地風」に改めている。翌十八年には私鉄の北海道鉄道が国有化されて富内《とみうち》線（現在は廃止）となった際に多くの駅が同時に改称されているが、こちらはさらに徹底した印象で、ニナルカ→静川、上鵡川《かみむかわ》→豊城《とよしろ》、萠別《もえべつ》→春日《かすが》、生鼈《いくべつ》→旭岡、似湾《にわん》→栄、杵臼《きなうす》→豊田《とよた》、辺富内《へとない》→富内《とみうち》という徹底的な改称であった。まさにアイヌ文化の否定に他ならない（**表11**）。

駅の改称は道内に限らず所在地の大字地名の改称に伴うものが多いが、その背景には日本国内で文化の多様性を排除する空気があったのではないだろうか。昭和十二年（一九三七）

七月に日中戦争の始まりとなった盧溝橋事件の直後である九月、第一次近衛内閣は全国民が国のために滅私奉公すべきとする「国民精神総動員」を推進し始めた。それが「欲しがりません勝つまでは」「ぜいたくは敵だ」といったスローガンに「結実」したのは周知の通りである。

急速にきな臭さを増す時代背景の中、沖縄県では比嘉《ひが》さん、具志堅《ぐしけん》さんなど地方特有の姓を「内地風」に改めようとする運動が起きた。これは東京や大阪などへ出た沖縄出身者が差別を避けるための方策としての意味合いもあったが、琉装（沖縄の服装）をやめるなど「生活改善運動」と称して沖縄文化を否定する動きも見られた。朝鮮半島では昭和十四年（一九三九）に日本風の姓を奨励もしくは半強制する「創氏改名」も実施されている。

北海道内でアイヌ語由来の駅名は非常に多いので、まさか札幌を含めて根こそぎ変えようとしたとは思えないが、アイヌ差別そのものは戦後に至るまで長く続き、駅名の「内地風」への改称傾向は引き続き散発的に行われた。たとえば昭和二十四年（一九四九）には室蘭本線の清真布《きよまっぷ》駅が栗沢、同二十五年には錦多峰《にしたっぷ》駅が錦岡《にしきおか》、同二十七年には黄金蘂《おこんしべ》駅が黄金《こがね》などいくつも見られる。同じく室蘭本線の長流《おさる》駅が長和《ながわ》と改められたのは、地元の伊達第一中学校長流分校の生徒が「修学旅行で〝お猿の学校〟とからかわれ」（本多貢『北海道地名分類字典』）たのがきっかけという。長流は同書によればオサルウンペツ（河口に葦原のある川）、オサレペツ（急流の川）などの説があるというが、昭和三十四年に地名が長和に変更になったのに伴って駅名も変更された。

「内地化」は駅名だけではなく、知床半島東海岸の羅《ら》臼《うす》町では於《お》尋《たずね》麻《まっ》布《ぷ》が麻布《あざぶ》町、春《しゅん》苅《かり》古《こ》丹《たん》が春日町にいずれも昭和三十六年（一九六一）に変更された。ちなみに於尋麻布はオタツニオマプ（河口に樺の木のあるもの）、春苅古丹はシュムカリコタン（鰊油を搾る所）に由来するという。

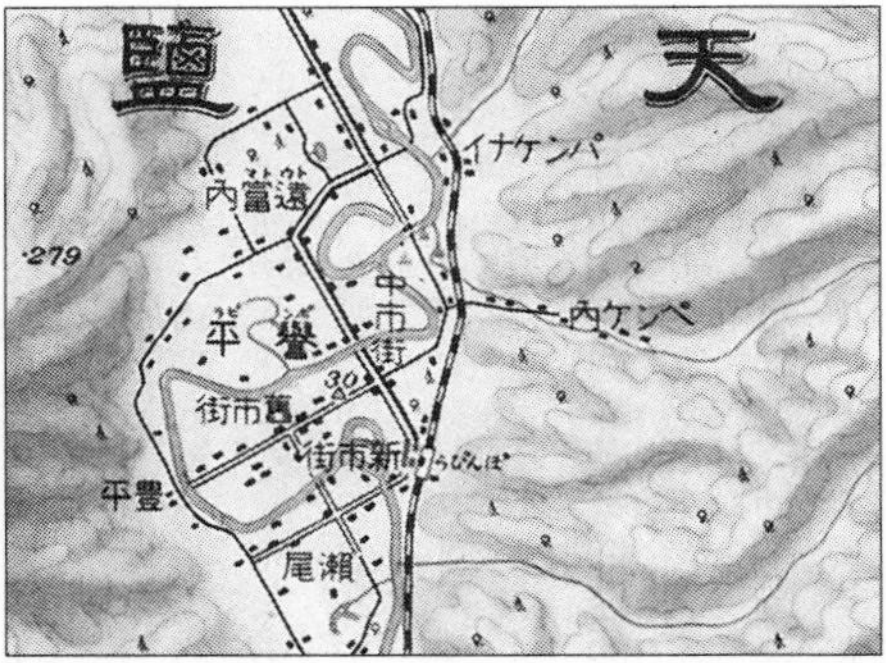

昭和26年（1951）に天塩中川と改称される前の誉平（ぽんぴら）駅。1：200,000「枝幸」昭和４年製版

時代はさらに遡るが、大正九年（一九二〇）には日本占領下の台湾で地名の大々的な変更が行われており、当然ながらこの時に駅名も多くが「日本風」に改められた。その一部を巻末の**表12**に掲げた。改称にあたっては発音に日本風の漢字を当てたもの、和訳したもの、日本人の名前を用いたものなど多種多様だが、このうち台北にほど近い錫口《しゃくこう》は「台湾には珍

しく松林がある」、もしくは「愛媛県の松山に似ている」ことから松山に変更したというし、水堀頭《すいくつとう》は和訳して水上《みずかみ》とした。南部の打狗《たかお》は原住民の言葉で竹林を意味するタアカウ（マタカウ族の集落タアカウ社に由来）に日本の地名である高雄を当てたものである。旧表記の「狗《いぬ》を打つ」という清朝による当て字もひどいが、いずれにせよその後も高雄の名で大都市に成長して現在に至る。

台湾の地名変更に手を下したのが台湾総督府総務長官の下村宏（海南）であった。貴族院議員となった昭和十二年（一九三七）に上梓した随筆評論集『動く日本』ではこの地名変更に言及しており、「台湾は蕃語に漢字をあてはめし事、尚北海道のアイヌ語に漢字をあてはめしと相似て甚だしくまづい」「打狗を高雄と改名した。高雄に州庁をおいた。打狗をタカオとよむは読みづらい、狗を打つなどいふ、文字もよくない。此の改名はよい事をしたと思つてゐる」といった文章からは当時の統治者の「上から目線」が感じられる。

第十二章　住宅地系の駅名はブランド化する

ブランド駅名――田園調布の始まり

東京の住宅地で最もよく知られた「ブランド地名」といえば田園調布だろうか。現在では東急東横線と目黒線の二線とも地下ホームになって久しいが、古くからの駅舎だけは昔ながらの姿をとどめて駅前の放射街路の中心に鎮座している。この駅が開業したのは関東大震災の半年前にあたる大正十二年（一九二三）三月十一日であった。当時は荏原《えばら》郡調布村の名を採って調布駅と称していたが、直線距離で約一三キロ離れた京王電気軌道（現京王電鉄）の調布駅と紛らわしかったからか、三年後の同十五年に田園調布と改めている。

「田園」を冠したのは駅前に「田園都市」が分譲されていたからだろう。その開発を担ったのが田園都市株式会社であった。実業家として名を成していた渋沢栄一が英国の田園都市――ガーデンシティを知り、これをぜひとも日本に導入したいと考え、当時の荏原郡一帯の台地上に何か所もの田園都市を計画している。その新しい住宅地に住む人を都心へ運ぶため同社の子会社として設立されたのが目黒蒲田電鉄であった。東急のルーツである。

田園調布の分譲地は当初「多摩川台」と名づけられたが、正式な所在地は調布村大字上沼《ぬま》部《べ》と下沼部にまたがっていた。しかし駅名の影響は大きく、駅が田園調布と改称された年に町内会である田園調布会が設立されており、その六年後の昭和七年（一九三二）に東京市に編入されたのを機に大森区田園調布という町名が正式に誕生している。

大正も後半に入ると第一次世界大戦で一儲けして「成金《なりきん》」となった事業家たちを含む富裕層が増え、高等教育を受けた幹部候補生たるサラリーマンや官吏などで形成される新中間層も分厚くなった。サラリーマンというと戦後の勤め人の多くを想像してしまうが、「一億総中流」などと言われる中流とは本質的に異なる。

郊外の住宅地を鉄道会社が開発した嚆矢といえば小林一三《いちぞう》率いる阪急であった。まだ前身の箕面《みのお》有馬電気軌道であった明治四十三年（一九一〇）に梅田（現大阪梅田）～宝塚間が開通する前年、同社は自ら手がけた分譲住宅の宣伝として「如何《いか》なる土地を選ぶべきか　如何なる家屋に住むべきか」と題するパンフレットを大阪市内に頒布した。「美しき水の都は昔の夢と消えて、空暗き煙の都に住む不幸なる我が大阪市民諸君よ」で始まるこの小冊子は、いかにわが箕面有馬電気軌道の沿線が環境良好であるかをサラリーマンたちに強くアピールしたものである。

まず最初に手がけたのは大阪府豊能《とよの》郡池田町（現池田市）の池田室町《むろまち》住宅で、宝塚まで電車を開通させた三か月後の明治四十三年（一九一〇）六月に九・一ヘクタールを売り出している。頭金をまず五十円支払い、後は毎月二十四円ずつ十年間支払う（支払総額二千九百三十円）というもので、当時としては初めての割賦方式である。この頃は新しい住宅といっても既存の地名を駅名に採用することが常識で、新規に駅名や住宅地名を創作するという発想はなかったのだろう。

最初の「ヶ丘」は阪急の雲雀ヶ丘駅か

本書のために「住宅地系の新しい駅名」がどのように出現しているかを路線図を眺めながらピックアップしてみたが、なかなか意外な発見があった（**表13**）。鉄道会社が分譲住宅を始めたのが阪急であることも影響しているだろうが、「新地名」そのものは関西の方が先行した印象である。

新地名のシンボル的なものを挙げるとすれば、まず「〇〇ヶ丘」が思い浮かぶが、大阪では古くからの通称地名として「夕陽丘《ゆうひがおか》」がある。十三世紀に歌人の藤原家隆《ふじわらのいえたか》が「彼岸の落日から西方浄土を仰観できる」という浄土教の「日想観」を修するために夕陽庵を営み、やがてその一帯が夕陽丘と呼ばれるようになったという。

鉄道の駅としてはその嚆矢を私は東急の自由ヶ丘駅（現自由が丘。目黒区）であると思い込んでいた。ところがよく調べてみれば、阪急の雲雀ヶ丘《ひばりがおか》駅が箕面有馬電気軌道時代の大正五年（一九一六）に開設されている。これはたまたま私がうっかりしていた言い訳に過ぎないが、いろいろな資料に「雲雀丘」と表記されていることもあって見落としたのかもしれない（私が監修した『日本鉄道旅行地図帳』もこの表記）。

日本で初めての「ヶ丘」駅名－雲雀ヶ丘駅の名残、雲雀丘花屋敷駅の行き先標示。阪急宝塚線

それはともかく、この駅は東に隣接していた花屋敷駅と昭和三十六年（一九六一）に統合して現在は両者を連称した雲雀丘花屋敷駅になっている。雲雀ヶ丘駅は線路の北側に広がっていた山林を宅地として開発した阿部元太郎が私費で設けたもので、隣の花屋敷駅とは四五〇メートルほどしか離れていなかった。なお当地の宅地開発は後に日本住宅や阪急も手がけることになる。住宅地となった土地は兵庫県川辺《かわべ》郡西谷村《にしたにそん》大字切畑《きりはた》字長尾山の起伏に富んだ山林で、雲雀ヶ丘の名称は当地の渓流にかか

る雲雀滝に由来するという。

宅地の「〇〇ヶ丘」の嚆矢が本当にここであるかどうか確認する術を知らないが、駅としては初めてである可能性は高そうだ。しかしその後この「ヶ丘」の地名は流行するほどでもなかったようで、自由ヶ丘という通称地名が東京府荏原郡碑衾《ひぶすま》村大字衾《ふすま》に誕生したのはその十年ほど後になる。「自由教育」を提唱して自由ケ丘学園を経営する手塚岸衛《てづかきしえ》や舞踏家の石井漠《ばく》などが呼び始めたのだそうで、最初にここを通った東京横浜電鉄（現東急東横線）が昭和二年（一九二七）に設けた九品仏《くほんぶつ》駅を同四年に自由ヶ丘と改称したのが公式な名称としては初めてなのだろうか。正式な町名となったのは同七年のことである。

関西圏の「園」と小田急の「林間都市」

新しい住宅地に由来する駅名で雲雀ヶ丘に続いたのは、ひと味違う「園」であった。大正十一年（一九二二）に甲東園《こうとうえん》駅が阪急西宝《さいほう》線（現今津線）に設けられ、やはり同じ阪急の甲陽線に同十三年に設けられた甲陽園駅、同線に翌十四年に新設された苦楽園口《くらくえんぐち》駅（苦楽園の住宅地までは少し離れている）と続いた。現在ではいずれも「西宮七園」に数えられる高級住宅地の代名詞である。「園」の宅地駅名は昭和六年（一九三一）に阪和電気鉄道（現ＪＲ阪和線）に美章園《びしょうえん》駅が新設、本来は遊園地由来だが宅地開発を機に香里《こうり》から改称された京阪本線の香里園駅も設置されたが、関東など他地域にはあまり広まらなかったようだ。

関東では自由ヶ丘の後、小田急が昭和四年（一九二九）に江ノ島線を開業、沿線で開発した宅地の最寄り駅として東林間都市、中央林間都市、南林間都市の三駅を設けている。これはネーミングからして、おそらく現東急系が推進していた田園都市の向こうを張るものだったのではないだろうか。それでも新宿から三四〜三七キロと当時としては都心へ通うには遠かったため販売は苦戦し、宅地を買った人には「三年間の無賃乗車」という特典を付けたにもかかわらず、なかなか売れなかったという（昭和十六年に三駅とも「都市」を外して現在に至る）。

戦前生まれも多い「ヶ丘」駅

住宅地系の新しそうな駅名を、鉄道路線図から探して巻末の表13にしてみた。何が「新しい」のかは個々にあたらないと難しいので不完全なものではあるが、ぼんやりと傾向は見えてくる。自由ヶ丘（現自由が丘）駅以外はだいたい戦後だと思い込んでいたが、意外に戦前からのものも多い。

前述の雲雀ヶ丘は大正五年（一九一六）という古さであるが、他にも香川県の琴平電鉄（現高松琴平電鉄）が別荘地として開発した挿頭丘駅《かざしがおか》（ヶはない）などは見落としていた。首都圏でも目黒蒲田電鉄（現東急）大井町線の緑ヶ丘（現緑が丘）、帝都電鉄（現京王井の頭線）の富士見ヶ丘、小田急の梅ヶ丘、京王線の聖蹟桜ヶ丘、武蔵野鉄道（現西武池袋線）の狭山ヶ丘があり、関西でも信貴生駒電鉄（現京阪交野《かたの》線）の星ヶ丘、阪和電気鉄道（現JR阪和線）の鶴ケ丘など、新しい街にふさわしいネーミングとして活用されていたことがわかる。

それでも「ヶ丘」が本格的になるのは戦後からで、昭和二十年代から四十年代までが開業のピークだ。その後に主役となるのが「台」で、戦後の早い例では東武東上線のときわ台駅（昭和二十六年に武蔵常盤を改称）や京成本線の八千代台駅などがあるが、昭和四十年代に入ると加速される印象がある。東急田園都市線の青葉台やすずかけ台、小田急江ノ島線の湘南台、東武伊勢崎線のせんげん台、京王高尾線のめじろ台、常磐線の天王台、京成本線の勝田台など、横浜市の根岸線では洋光台、港南台、本郷台と新規開業区間に三駅が連続している。関西では能勢電鉄の光風台《こうふうだい》、ときわ台、南海高野線の美加《みか》の台、北大阪急行の桃山台、神戸電鉄有馬線の唐櫃台《からとだい》などが高度成長期に開業したが、首都圏ほどは目立たない。

「台」のつく駅名は台地、もしくは丘陵地を想起させるが、実態は必ずしもそうではない。

たとえば東武伊勢崎線に昭和四十二年（一九六七）に新設されたせんげん台駅の周辺に広がる千間台《せんげんだい》東・千間台西の町域はおおむね標高五メートル前後の水田を埋め立てたところである。言うまでもなく「台」の命名基準などないので、逆に言えば「台」の地名や駅名が、いかに購買者に好感をもって迎えられたかを示す証拠ではないだろうか。

そういえば東急東横線の自由が丘駅は浅い谷に位置している。もちろん目黒区自由が丘の町域は地形的には目黒台に属するエリアが多くを占めてはいるが、駅はかつて九品仏川が流れていた低地で、大正時代までは田んぼが広がっていた場所だ。所在地は東京府荏原郡碑《ひ》衾《ぶすま》町大字衾《ふすま》字谷権現前で、「谷の権現様」のある字であったが、それが昭和七年（一九三二）に東京市に編入されて目黒区自由ヶ丘（現自由が丘）に全面的にイメージチェンジしたのである。

ちなみに自由ヶ丘（自由ケ丘、自由が丘）という町名は『新版角川日本地名大辞典』（DVD-ROM）によれば北海道帯広市（昭和六十一年）、同千歳市（昭和五十三年）、青森県青森市（昭和六十二年）、同弘前市（平成十二年）、仙台市宮城野区（昭和五十一年）、福島県いわき市（昭和四十九年）、茨城県水戸市（昭和四十四年）、同つくば市（昭和六十二年）、福井県あわら市（平成五年）、名古屋市（昭和三十年）、三重県鈴鹿市（平成二十年）、大阪府河内長野市

（平成二年）、同熊取町《くまとり》（平成三年）、山口県防府市《ほうふ》（平成十六年）、同山陽小野田市（平成元年）、高知県宿毛市《すくも》（平成三年）、北九州市八幡西区《やはたにし》（昭和五十五年）、福岡県宗像市《むなかた》（昭和四十年）、鹿児島市（平成二年）と目黒区の他に十九か所にも及ぶ。

昭和も終盤に入ると「野」が流行

平成に入ってもなお自由ヶ丘が生まれているのには驚くが、これだけ増えてしまうと「丘」や「台」という地名・駅名も特別感がさすがに失われるようで、必然的に多様化が進んだ。そのひとつが神奈川県を中心に叢生した「野」の駅名だろうか。東急田園都市線のつくし野駅（昭和四十三年）が最初期で、これはギリギリで東京都町田市だが、神奈川県では昭和五十年（一九七五）の相鉄本線さがみ野駅、同五十一年の東急田園都市線つきみ野駅、相鉄いずみ野線いずみ野駅、同五十二年の田園都市線あざみ野駅と続々誕生した。

他県では平成になってからが本番で、JR信越本線のさつき野駅（新津市。現新潟市秋葉《あきは》区）、東武東上線のふじみ野駅、京成千原《ちはら》線のおゆみ野駅、JR横浜線の八王子みなみ野駅、JR常磐線のひたち野うしく駅などが続き、平成二十三年（二〇一一）の関東鉄道常総線のゆめみ野駅、同二十八年のJR仙石《せんせき》線石巻あゆみ野駅が新しい例だ。

平成の後半になると特定のパターンではなく多様化が進んでいる。たとえば香川県の高松郊外のさぬき市に平成十年（一九九八）に誕生したJR高徳《こうとく》線のオレンジタウン駅。JR四国グループのよんてつ不動産が分譲したオレンジタウンの最寄り駅である。つくばエクスプレスと東武野田線の交差地点には流山おおたかの森駅（平成十七年）が新設された。森といえばJR豊肥本線には光の森駅が平成十八年（二〇〇六）に開業している。自然の湖が見当たらない埼玉県にも武蔵野線の越谷レイクタウン駅が同二十年に登場した。ここは大相模《おおさがみ》調節池を中心とする水田だったところで、新しい住宅地とイオンレイクタウンやレイクタウンアウトレットなど巨大な商業施設が並ぶエリアに変貌している。

丘の駅も「〇〇ヶ丘」という従来パターンではなく、横浜市営地下鉄グリーンラインの都筑《つづき》ふれあいの丘駅のようなものも現われた。工事中の仮称は江戸時代に見える池辺《いこのべ》村の小地名である葛ケ谷《くずがや》（現葛が谷）であったが、駅が隣の高山にも跨《また》がっているため「葛が谷駅」に反対する意見があり、地区センターやプールなどもある福祉施設「都筑ふれあいの丘」を採ったという。分譲住宅地の名前ではないが、平成人が実情はともかく「ふれあいネーミング」が好きだったと後世に受け継がれるだろう。都筑区という名前はとっくの昔に消えた旧郡名を復活させたもので昨今の快挙だったのだが。

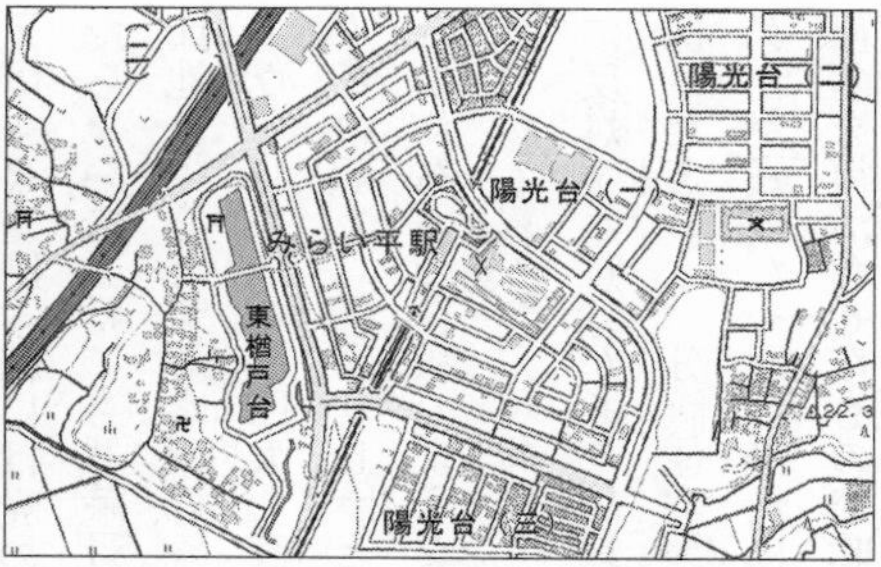

キラキラ駅名のメッカ、つくばエクスプレスの「みらい平駅」の所在地はつくばみらい市。地理院地図令和元年（2019）6月26日ダウンロード

「キラキラ駅名」の本場——つくばエクスプレス

特別感を求めて不動産業界や都市計画に携わる人たちが創出する新たなネーミングは、昨今の子供の名前に目立つ「オンリーワン」の特別感あふれる個性的な「キラキラネーム」を思わせるが、その集大成というべき駅名を並べたのが、平成十七年（二〇〇五）開業のつくばエクスプレス（首都圏新都市鉄道）である。

同線は都心の秋葉原駅を起点に埼玉県、千葉県を抜けて茨城県つくば市までの五八・三キロで、都内を走っているうちは他線と接続する駅の他も地元の地名を採用しているのだが、千葉県内で武蔵野線と接続する南流山《ながれやま》駅の先は創作駅名がびっしり並ぶ。キラキラ駅を順に挙げれば、流山セントラルパーク、流山おおたかの森、柏の葉キャンパス、柏たなか、みらい平、みどりのという「徹底ぶり」である。所在地を並べてみれば流山市前平井《まえひらい》、流山市西初石《にしはついし》、柏市若柴《わかしば》、柏市小青田《こうだ》、つくばみらい市陽光台（かつては東楢《ひがしなら》戸《ど》）、つくば市みどりの（かつては上萱丸《かみかやまる》）という具合で、すでに改称された陽光台やみどりのを除けば、すべて江戸時代から続いた大字の地名である。ちなみに「柏たなか」は昭和二十九年（一九五四）までの田中村に由来する地区名で、ひらがなにした理由はわからない。

いずれにせよ、ひらがな、カタカナを使い、新しそうな言葉をちりばめた「キラキラ化」は来るところまで来た印象である。みらい平駅付近の地図を広げてみれば、すこやか公園、なかよし公園、ちょうちょう公園、みらい平どんぐり公園など、幼稚園の学級を思わせるネーミングが目立つ。以前に地名をめぐるこのような傾向を「幼稚園のような」と形容したら、「幼児教育を愚弄しているのか」とその筋の方からお叱りの手紙をいただいたことがある。しかしそれは誤解というもので、これらの命名は「幼児が好むのは、まあこんなもんだろう」と考える貧しい想像力の大人の考えであり、むしろ本質を感じる能力を大人以上に秘めた幼児を、それこそ愚弄したものではないだろうか。

外国の駅名はどうなっているか

コラム5

ロンドンにロンドン駅はない

世界的なベストセラーとなった「ハリー・ポッター」シリーズで、魔法学校のあるホグワーツへ行く列車が出るのがロンドンのキングズクロス駅「9と4分の3番線」だ。今では映画のシーンに見られるような、荷物を積んだカートが半分壁に吸い込まれた形のモニュメントが据え付けられ、ちょっとした観光ポイントにもなっている。

キングズクロスの由来はジョージ四世の大きな像があった交差点にちなむもので、像そのものがなくなった後も通称地名になっており、これを採用したものだ。駅はロンドンからスコットランドのエディンバラを結ぶイースト・コースト・メインライン（東海岸本線）の起点で、グレートノーザン鉄道が一八五二年（日本なら嘉永五年）に設置したターミナルである。

そのすぐ隣にはセントパンクラス国際駅がある。開業は一八六八年で、ミッドランド鉄道が建設した。マンチェスターやリーズへ通じる現ミッドランド本線の始発駅である。キングズクロス駅とは、ちょうど大阪のJR天王寺駅の道を挟んだ向かい側に近鉄の大阪阿部野橋駅があるような位置関係だ。最近になって国際（インターナショナル）が付いたのは海峡トンネルを通ってフランスやベルギーへ直通する特急「ユーロスター」のターミナルになったためである。

ロンドンには他にも西のターミナルであるパディントン駅、サザンプトンへ通じる南西ターミナルのウォータールー駅、南ターミナルのヴィクトリア駅、ドーヴァー方面へ通じるチャリングクロス駅など、旧都心の周縁部に置かれたこれらのターミナル駅から放射状に鉄道網が発達している。歴史的に見てイギリスの鉄道が私鉄として敷設されたこともあり、どこか特定の駅で「ロンドン」という名称が発生しにくかったのだろう。

海の向こうのフランスでも、パリには北のターミナルである北駅と東ターミナルの東駅（両者は隣接。東駅は旧ストラスブール駅）、南へはリヨン駅やオーステルリッツ駅、南西へのモンパルナス駅、北西方面へのサン＝ラザール駅などがロンドンと同様に旧市街の周縁部に並び、鉄道路線は放射状に発達している。この国もやはり鉄道の敷設は私鉄が先行しており、どこか特定の駅が「パリ駅」を名乗るわけにはいかなかった。

　モスクワでもサンクトペテルブルク行きの列車が出るのはレニングラード駅（レニングラーツキー・ヴォクサル。一八五一年の開業当初はペテルブルク駅）、ウクライナのキエフやモルドバへの列車が出るのはキエフ駅（一九一八年。前身は一八九九年開業のブリャンスク駅）、北東のヤロスラヴリへはヤロスラヴリ駅（一八六二年）など九つのターミナルが集まっており、一九二九年に「モスクワⅢ」という都市名の駅が登場したのが他の大都市と違うところだが、同駅は近郊電車のみが発着する。

　そんなわけで日本でも明治五年（一八七二）に初めて鉄道が走り始めた時の東京のターミナルは近くの橋の名をとって「新橋」とされた（当時新橋はまだ町名ではない）。その次にできた北のターミナルは上野駅（明治十六年開業）で、西は新宿駅（甲武鉄道は同二十二年）、東の房総方面は両国橋駅（明治三十七年、現両国駅）と方面別に設置され、東京駅（計画時は東京中央停車場）ができたのは大正三年（一九一四）とだいぶ遅くなった。それでも当初は東海道本線だけの起点であり、中央本線が同八年に通じた際にもここへ出入りするのは近距離の電車のみで、長距離列車は飯田町駅が起点であった（後に新宿へ移る）。

そもそも日本の鉄道は車両から線路、停車場などのハードはもちろん、ダイヤグラムなどのソフトに至るまですべて英国直輸入であったため、東京のようなロンドンに匹敵する大都市では「都市名」を名乗るものではない、と指導されたのではないだろうか。東京以外は大阪も京都もすべて都市名が付いたのは周知の通りであるが。

次席ランクの大都市には「中央駅」

ロンドンやパリなどの巨大都市はともかく、ドイツのフランクフルト、ハンブルク、ミュンヘン、スイスのチューリヒ、イタリアのミラノやナポリ、オランダのアムステルダムなどの都市には「中央駅」と訳される拠点駅がある。イギリスでもロンドン以外ではグラスゴーやリヴァプール、マンチェスター、サザンプトンなど多くの主要都市で中央駅（セントラル・ステーション）はごく一般的だ。長らく東駅と南駅に分かれていたオーストリアのウィーンも両者が中央駅として統合されている（全面開業は二〇一五年）。なお、ニューヨークには世界的大都市にしては例外的に、

ドイツ西部のトリアー中央駅の駅名標。中央駅は Hbf と略記する

大中央駅とも言うべき「グランド・セントラル・ターミナル」がある。地下駅であるが四十四のプラットホームを擁する世界最大の駅だ。

アムステルダム中央駅（Station Amsterdam Centraal）は一八八九年にウィレムスポート駅、ウエスタードック駅という二つのターミナルを統合したものだ。干潟の島の上という軟弱地盤であったため、九千本の杭を打った上に煉瓦造りの立派な駅舎を建てたところが、元日比谷入江の軟弱地盤に位置する東京駅と共通している。

なお「中央駅」と訳すのは英語ではセントラル・ステーション Central Station、ドイツ語圏ではハウプトバーンホフ Hauptbahnhof、イタリア語ならスタツィオーネ・チェントラーレ Stazione Centrale（ミラノ中央駅は Stazione di Milano Centrale）など。

「ふつうの駅」はどう並んでいるか

各都市における中央駅は規模も歴史もさまざまだが、本書では日本の駅名を考える参考として、ヨーロッパの主要駅以外の「ふつうの駅」がどんな風に並んでいるかを調べてみた。ご想像通りに日本と同じく「地元の地名を採用する」のが原則ではあるが、そうは言っても日本でもさまざまな場合があるので、スイスの最大都市であるチューリヒから南東へ延びる幹線「チューリヒ湖左岸線」という在来線と、もうひとつはドイツ南西部バーデン＝ヴュルテンベルク州で憲法裁判所の所在地としても知られるカールスルーエの路面電車から1系統の停留場を例に挙げてみよう。

チューリヒ湖左岸線は国鉄（ＳＢＢ）の幹線で、スイスの南東部に位置するグラウビュンデン州都のクールへ向かう特急列車などもこの線路を走る。区間はチューリヒ中央駅からネーフェルス＝モリス駅までの六一・七キロで、幹線区間を外れる終端部のツィーゲルブリュッケ駅から先の四・六キロを除けばすべてが複線だ。国鉄の路線電化率は一〇〇パーセントなので当然ここも電化されている（表14）。

スイス最大の都市であるチューリヒは市域人口が四一・五万人（二〇一八年十二月）だが市域が約九二平方キロ（大阪市の四割）と小さいため、日本的な感覚だと圏域人口約一三〇万人が近い数値だろう。その大都市近郊であるため全線で近郊電

南ドイツ・バイエルン州のフォルカッハ＝アストハイム駅の駅名標。マイン川の両岸に位置する２つの地名をハイフンで結んでいる

車（Sバーン）の複数系統が運行されている。路線長六一・七キロといえば東京駅から東海道本線なら茅ケ崎の先、中央本線は相模湖の手前、東北本線だと栗橋の先で利根川を渡るあたりだ。起終点を含めて二十四駅だから駅間の平均距離は約二・七キロである。

　駅名の特徴としては、まずチューリヒ市内の駅にすべて「チューリヒ」の冠称があることで、これは他の一定以上の都市とも共通している。中央駅から約八・九キロのキルヒベルクからはチューリヒ市域を外れて「郡部」に入る。日本の市町村は平均人口が七万人を超えるのに対して、スイスの町村（ゲマインデ）では三六〇〇人程度だから同様に考えると誤解してしまうが、このあたりはまだまだ近郊都市圏だ。自治体の規模は戦前の日本の行政村と思えば当たらずとも遠からずである。この路線の駅と自治体の関係を見れば、郡部ではちょうど一村一駅、場合によっては二つという状況で、巻末の**表1**で示した戦前の水郡《すいぐん》線の市町村と駅の関係に似ている。

自治体名と異なるものもいくつかあるが、場合によっては地区名の方が通りが良いなど事情があるのだろう。自治体名と地区名を重ねているものもある。終点に近いツィーゲルブリュッケ駅は二州にまたがる地区名で、煉瓦橋を意味する。なるほど駅前にはリント川（運河）が流れており、そこに架かる橋がかつては煉瓦造りだったのかもしれない。このあたりは周囲に山が迫る隘路の地形で、地溝帯に連なるチューリヒ湖からヴァーレン湖の間に位置するため古くから水陸の交通の要衝であった。リント川が州境であるため、この「煉瓦橋」が両側にまたがる重要な通称地名として存続したのだろう。

欧州特有なのは駅名によっては後に州名の略称（チューリヒ州＝ＺＨなど）を伴っていることで、これは別の場所にある同じ地名を区別するものだ。日本で言えば武蔵や摂津などを冠した駅名にあたる。スイス国鉄の略称「ＳＢＢ」が付いているのも他と区別する意味合いだろうが、これが付いた最も有名な駅といえばバーゼルＳＢＢ駅だ。バーゼル市の事実上の中央駅であるが、ドイツ、フランスと国境を接している町であるため、ＳＢＢ駅の構内にはバーゼルＳＮＣＦ（フランス国鉄）駅があり、シェンゲン協定以前は出入国審査も行われていた。ライン川の対岸にはバーゼル・バート駅（Basel Badischer Bahnhof。かってはドイツ鉄道駅と称した）があり、それと区別するためだ。

市電の停留場の特徴

カールスルーエは市域人口三一・三万人（二〇一八年十二月）、圏域人口はおそらく倍以上だが、全部で七一・五キロにのぼる路面電車網が張り巡らされ、百五の停留場がある。年間約三億人の輸送人員（路面電車では日本最大の広島電鉄の約五倍）を誇るが、ドイツ鉄道（旧国鉄）線に乗り入れる「トラム・トレイン」のメッカとしても知られている。郊外線と乗り入れを行っていない市内の1系統は、旧市街南西部のオーバーロイトから旧市街の目抜き通りであるケーニヒ通りを抜けて市の東端にある古都ドゥアラッハまでの約一一・四キロで、停留場数は起終点を含めて二十六ある（所要三十六分）。

巻末の**表15**では停留場を西から東へ並べてあるが、このうち大半を占めるのが「通り」と「広場」の名前である。通り名を含むものが十一を占め、広場が七。その他はかつて市壁で囲まれていた名残の「門」を名乗るものが二つ。その他は学校や各種施設、銀行や会社などである。「欧州広場／ポストギャラリー」「ドゥアラッハ門／ＫＩＴ（カールスルーエ工科大学）南キャンパス」など、複数の要素を合わせたものもあり、これも日本の停留場との共通性を感じさせる。いろいろな機能を併せ持つ都市の中をさまざまな目的をもった乗客が利用する停留場であるから日独で共通するのは当然だろう。

第十三章　これからの駅名はどうあるべきか

「高輪ゲートウェイ」という駅名

令和二年（二〇二〇）三月十四日。本書が店頭に並ぶ頃であるが、山手線の駅（線路の戸籍上は東海道線）としては久々の新顔が誕生する。駅名の決定にあたってJR東日本は一般から公募を行った。開業の二年前の平成三十年（二〇一八）六月五日～三十日の募集期間中に集まった駅名案は六万四〇五二件（一万三二二八種類）にものぼっている。駅の建設地は広大な車両基地の跡地で、ここをJRは「グローバルゲートウェイ品川」と名づけて再開発を行っている。駅はその中心として位置付けられた。

駅舎は東京オリンピックのメインスタジアムである新国立競技場を設計した隈研吾《くまけんご》氏が手がけたが、障子の桟を思わせる枠組みに自然光が入る明るい空間で、これにより照明費を抑えるなどして環境に配慮したという。使用する木材は福島県古殿町《ふるどの》、宮城県石巻市などを産地とする国産を用いたそうで、東北地方の復興への貢献もアピールしている。

公募の締切から半年後の平成三十年十二月四日、駅名は「高輪《たかなわ》ゲートウェイ」に決定したことが発表された。ちなみに公募でダントツの一位だったのは「高輪駅」の八三九八件で、二位「芝浦駅」の四二六五件におよそ二倍の大差をつけている。件数では以下「芝浜」「新品川」「泉岳寺」「新高輪」「港南」などが続いたが、選ばれた「高輪ゲートウェイ」は百三十位のわずか三六件であった。

百三十位という下位の候補が選ばれたことが注目されて不満の声も目立ったが、当然ながら「命名する権利」を持っているのは、この駅を建設するＪＲ東日本である。それに最初から最大票数を得た候補に決めるなどとは表明しておらず、公募はあくまで参考に過ぎない。この公募をもとに「選考委員会」で決めたというが、もちろん会社の事業なのでＪＲ東日本が人選したものであろう。

ＪＲ東日本が発表したプレスリリースには次のような選定理由が掲げられた。

　この地域は、古来より街道が通じ江戸の玄関口として賑わいをみせた地であり、明治時代には地域をつなぐ鉄道が開通した由緒あるエリアという歴史的背景を持っています。

　新しい街は、世界中から先進的な企業と人材が集う国際交流拠点の形成を目指しており、新駅はこの地域の歴史を受け継ぎ、今後も交流拠点としての機能を担うことになります。

新しい駅が、過去と未来、日本と世界、そして多くの人々をつなぐ結節点として、街全体の発展に寄与するよう選定しました。

新駅の予定地は港区港南二丁目（「港南」は公募七位）で、この町名は昭和四十年（一九六五）に命名された新しいものである。新駅エリアの以前の町名は芝高浜町（旧芝区高浜町）。かつては海面であったが、そこを昭和四年（一九二九）に「三号埋立地」として造成、同八年に新たに命名したものだ。そこから最も近い陸地は現在では高輪二丁目で、昭和四十二年（一九六七）までは高輪北町《きたまち》と車町《くるまちょう》にまたがったエリアだった。両町はいずれも江戸時代からの歴史がある。車町に高輪の文字は冠されていないが、運送業者にちなむこの町名が江戸時代に命名される以前は高輪の一部であった。候補第一位の「高輪」という駅名はこれだけ遡っても「正統」ということになる。

住居表示新町名に見向きもしなかった国鉄

ここで一休みして、高輪ゲートウェイの隣に位置する田町駅に注目してみよう。この駅は明治四十二年（一九〇九）十二月十六日に開業した。ちょうど山手線の電車が烏森《からすもり》（現新橋）〜品川〜池袋〜上野間および池袋〜赤羽間の運転を始めた日で、電車専用の旅客駅として隣の浜松町駅と同日に開業している。蒸気機関車の牽引する旅客列車に比べて電車は加速性能が高く小回りが利くので、ここに限らず電車化した路線には沿線の利便性を高めるために新駅が多く設置された。

田町駅が開業した頃の所在地は東京市芝区田町一丁目で、田町は上高輪村から寛文二年（一六六二）に町奉行支配になったという古い町だ。駅名も自然に所在地名を採用している。東海道に沿った細長いエリアに田町一丁目から九丁目までが並んでいた。ところが昭和四十二年（一九六七）に住居表示法による住居表示で芝五丁目と三田三丁目の各一部に統合、消滅してしまったのである。

さて、山手線の駅である原宿駅は東京府豊多摩郡千駄ヶ谷村大字原宿に明治三十九年（一九〇六）に設置された。東京市内になってからは渋谷区穏田《おんでん》三丁目で、ホームの一部は竹下町にかかっていたが、大正期に駅が移転する前の旧位置は原宿三丁目だ。ところが住居表示の「魔の手」はここにも及び、原宿駅の所在地は昭和四十年（一九六五）に神宮前一丁目となった。この新町名は原宿と同様に歴史的地名である穏田と竹下町も含めた広いもので、とにかく「町を統廃合して丁目で分ける」という、まるで手段が目的化したような、歴史を顧みずに「合理的」であることを最優先する（実態はまったく合理的ではないが）地名政策のために、原宿という地名はいとも簡単に葬られた。

やはり「山手線の駅」である御徒町《おかちまち》駅の所在地も仲御徒町三丁目（そのすぐ東に御徒町三丁目が隣接）であったのが、やはり住居表示法後の昭和三十九年（一九六四）に御徒町が東上野と台東の各一部、仲御徒町が上野の一部となったために「御徒町」の地名は消滅している。

これほど住居表示法による町名の大改変が都心部で行われていたにもかかわらず、山手線の電車が走る路線の駅名は、この時期に一か所も改められていない。特に山手線の駅名ともなれば影響力が大きく、長年にわたって定着しているという理由もあっただろうが、当時の国鉄当局の要路の役職にある人が、住居表示法による行き過ぎた町名変更を苦々しく思っていたと想像しても、それほど的外れではないだろう。いずれにせよ結果的に田町、原宿、御徒町の地名の「事実上の存続」に昔ながらの駅名が大きな役割を果たしたことは間違いない。

国鉄の「駅名観」と民営化

戦時中には軍需輸送にとって重要な私鉄路線が選ばれ、ほぼ強制的に買収されて国鉄の路線となった。その際に駅名をいくつも改めているが、たとえば昭和十八年（一九四三）に買収されて富山港線となった富山地方鉄道富岩《ふがん》線（現富山地方鉄道富山ライトレール線）は高等学校前を蓮町《はすまち》、日満工場前を大広田《おおひろた》、日曹《にっそう》工場前を奥田と改め、同十九年に買収で南武線となった南武鉄道では日本電気前を向河原《むかいがわら》、日本ヒューム管前を津田山、久地《くじ》梅林を久地に、同年に阪和線となった南海鉄道山手線（旧阪和電気鉄道）は臨南寺《りんなんじ》前を長居、我孫子観音前を我孫子町、百舌鳥《もず》御陵前を百舌鳥、葛葉《くずのは》稲荷を北信太《きたしのだ》、砂川園を和泉砂川にそれぞれ改称している。

概観すれば会社や工場の名称、神社仏閣名などから地元の地名（通称も含む）への変更であった。強制的な買収が戦時公債で行われたために戦後はそれが紙切れ同然となり、被買収会社にとっては結果的に「召し上げられただけ」となったが、その評価は措くとしても、人手も足りない非常時にもかかわらず駅名をこのように改めた背景には、「国鉄の駅名はこうあるべし」という強い思想もしくは何らかの規定があったことは間違いないだろう。すでに述べたように、少しでも乗客を確保するための駅名を求める私鉄の考え方とは根本的に違うのである。

その国鉄も戦後四十二年を過ぎ、分割民営化されて「私鉄」になった。ＪＲになって初の改称は民営化翌年の昭和六十三年（一九八八）三月十三日のダイヤ改正時で、ＪＲ東日本管内では二枚橋が花巻空港（東北本線）、面白山《おもしろやま》が面白山高原（仙山線）、岩手松尾が松尾八幡《はちまん》平《たい》（花輪線）、龍ケ森が安比《あっぴ》高原（同）、ＪＲ九州では大坂間《おおさかま》が球泉洞《きゅうせんどう》、ＪＲ北海道では川湯が川湯温泉（釧網《せんもう》本線）にそれぞれ改称したのが最初である。北海道では「旭川」関連駅の読みを「あさひがわ」から「あさひかわ」に市名に合わせて変更したのも同日であった。ついでながら同時期に第三セクター会社に移管された路線では、より盛んに改称が行われている。

この改称から読み取れる傾向は「観光推進色」を前面に出したことだ。もちろん地元の意向もあるだろうが、これまで守り続けてきた旧国鉄の「駅名観」はその後着実に変化している。特にＪＲ西日本は平成六年（一九九四）九月四日に全国で初めて「ＪＲ」を冠した駅を誕生させて話題になった。

その嚆矢となったのは関西本線の終点・湊町《みなとまち》駅の改称で、新駅名は「ＪＲ難波」である。駅の所在地は今も大阪市浪速《なにわ》区湊町で、難波は隣の中央区だ。地下鉄御堂筋線のなんば駅からは約四五〇メートル、南海電鉄の難波駅からは六五〇メートルほども離れているが、知名度が圧倒的に高い難波を名乗ることにより、この年に開通した関西空港線からのアクセス線としての優位性を南海電鉄（難波）と競う姿勢を鮮明にしたのである。かつての国鉄では考えられない発想だ。

ＪＲ付きの駅は今のところＪＲ西日本に限られているが、奈良線のＪＲ藤森駅が京阪本線の藤森駅近くに平成九年（一九九七）に新設、片町線では上田辺《かみたなべ》駅を改称してＪＲ三山木《みやまき》駅となった。平成十三年（二〇〇一）に近鉄京都線小倉《おぐら》駅に近い場所に奈良線のＪＲ小倉駅が新設され、その後は同十六年のＪＲ五位堂《ごいどう》駅（近鉄大阪線五位堂駅近く）が続く。同二十年にはおおさか東線の部分開業でＪＲ河内永和、ＪＲ俊徳道《しゅんとくみち》（それぞれ近鉄奈良線・大阪線と連絡）、ＪＲ長瀬（近鉄大阪線長瀬駅の近く）の三駅が連続して設けられて一気に増え、東海道本線にＪＲ総持寺《そうじじ》駅が平成三十年（二〇一八）に新設、さらにおおさか東線が新大阪まで延伸された同三十一年三月にはＪＲ淡路《あわじ》駅（阪急淡路駅近く）、ＪＲ野江《のえ》駅（京阪本線近く）が加わって全部で十一駅である。

新駅を他の私鉄の既設駅近くに新設することで沿線の利便性の向上が図られたのも確かであるが、これまでその私鉄を利用していた乗客を横取りしようとする私企業らしい戦略も見える。特に関西圏の旧国鉄ローカル線は、私鉄と並行しながら競争の気配も見えない「やる気のない」状態であったが、民営化後はそれらにも投資して複線化や駅の新設、利便性の高い運行系統の新設などで見違えるように変身させ、着実に既存私鉄の客を奪っているようだ。「稼げる会社」への見事な変貌であるが、その積極的な経営姿勢が平成十七年(二〇〇五)四月の悲惨な福知山線の脱線事故(死者一〇七人、負傷五六二人)の遠因になったとも指摘されている。

東武動物公園ショック

オイルショックでもあるまいし、この見出しのような用語は一般に通用していないが、そんな改称があり得るのかと大学生の頃に私がショックを受けたのがこの駅名改称であった。東武鉄道が遊園地を含む複合型動物園「東武動物公園」を開園したのに合わせて、昭和五十六年(一九八一)に従来の杉戸《すぎと》駅を改称したのである。駅は隣の南埼玉《みなみさいたま》郡宮代《みやしろ》町にあるが、東武鉄道が明治三十二年(一八九九)に開業した際に日光街道の宿場町であった杉戸の地名が採用された。杉戸駅は伊勢崎線と日光線の分岐点で、東武鉄道としては重要な拠点駅のひとつであった。

以前から地下鉄日比谷線と相互乗り入れを行ってきた東武鉄道ではこの時に北春日部《きたかすかべ》駅までだった直通運転区間を東武動物公園駅まで延伸した。これにより東京都心部を走る電車が

「東武動物公園行き」と頻繁にアナウンスされ、その駅名を記した車両の行先表示が銀座や霞ヶ関、六本木などの各駅に数分おきに現われることになった。少し離れた埼玉県の動物園をアピールする上でこれ以上の広告はなく、会社の戦略としては実に秀逸なものであったのは間違いない。

「観光改称」の項でも言及した通り、宣伝戦略としての駅名の利用は東武動物公園駅よりずっと以前から始まっているのだが、今回のＪＲ東日本の高輪ゲートウェイ駅の誕生は広い意味で同じ系譜であろう。「グローバルゲートウェイ品川」という会社のプロジェクトの宣伝である。これまでの地域とは違う新しさを前面に出すために名称がとりわけ重要であるがゆえだろう。

会社としては「高輪」が最高の票を得たとしても、従来の地名そのままでは困る。これまでとは違うコンセプトの街としての新しさを強調し、差別化する必要があるからだ。そこで公募結果として百三十位であっても、また出来レースと言われようとも「高輪ゲートウェイ」が必要だったのである。それでもまったく新奇な造語だけではダメで、高輪を付けたのは、江戸の大木戸《おおきど》があった由緒ある土地であることも強調したかったからに違いない。いわば「歴史的地名の商業利用」である東海道が江戸へ入る大木戸と、外国から人が入ってくる羽田空港からの「ゲートウェイ」をリンクさせたという考え方は駅名選定理由に明らかだ。

しかしこの駅名は平成三十年（二〇一八）十二月四日の発表の日の夕方に「Jタウンネット」が「山手線の新駅名『高輪ゲートウェイ』、どう思う？」と題するアンケート調査を行ったところ、翌五日正午までに集まった一五五一票の回答のうち、「別の名前に変えた方がいいと思う」が実に九五・八パーセントを占めたというのである。他は「これでいいと思う」が三・六パーセント、「その他、分からない」が〇・六パーセント。アンケートの性格からして「高輪ゲートウェイ」という駅名に違和感を覚えた人がより多く回答したことは予想されるが、それにしても異様な高率を否定意見が占めたのは無視できない。

アンケートを行ったJタウン研究所は「食、言葉など身近なテーマの意外な地域差を徹底調査します」としており、「性格が良さそうな都道府県はどこ？」「会社の忘年会、ぶっちゃけ行きたい？　行きたくない？」「2019年の「紅白歌合戦」ベストアクトは誰だった？」などなど、さまざまなテーマのアンケートを行っている。おそらく回答者は若い世代が多くを占めていそうだ。

地名・駅名に造詣の深い作家の能町みね子さんがこの駅名の撤回を求める署名運動をネット上で展開したところ、賛同する人の署名は短期間にもかかわらず四万七九三〇人に及んだ。

これは「新駅名」に応募した六万四〇五二件と比べても遜色がない件数であった。

京急の「わがまち駅名募集！」

ＪＲ東日本が新駅名の公募を始めた三か月後、京浜急行電鉄が創立百二十周年記念事業として「わがまち駅名募集！」を行った。きっかけは京急大師《だいし》線が立体交差で地下化された後で産業道路駅の名を変更するのを機に、他の数駅についても変更を検討しようとするもので、沿線の小中学生から駅名変更案を募集した。応募期間は平成三十年（二〇一八）九月二十一日から十月十日までで、他社線との乗換え最寄り駅や、川崎大師や金沢《かなざわ》文庫など「公共施設、神社仏閣、歴史的史跡等の最寄り駅として広く認知されている駅」として駅名変更を予定しない二十六駅を除く全駅（事実上は四十六駅）を対象とした。

あくまで変えるのは「数駅」としているので、それほどの大改称になることはないだろうが、私が危惧したのは、地元の歴史や地理への知識が不足している小中学生が考えた、どうにもキラキラした駅名がいくつも誕生するのではないかということだった。「わがまち駅名募集」の総ルビのポスターにはこんな文言が躍っている。

京急沿線に住む未来を担う小学生・中学生のみなさんにお願いです!!

この先キミや、家族や、友達が駅を使うたびにハッピーな気持ちになれるような新しい駅名を考えてくれませんか？　駅名を応募してくれた方の中から抽選で１２０名様に「京急１２０周年記念品」をプレゼントします!!


しかし平成三十一年（二〇一九）一月二十五日に京急のニュースリリースで発表された新駅名は、意外におとなしいものだった。応募総数も一一一九件と「高輪ゲートウェイ」のときに比べればはるかに少ない。令和二年（二〇二〇）三月十四日に改称するのは四駅で、産業道路駅は近くの多摩川を渡る「大師橋《たいしばし》」に、花月園《かげつえん》前駅は曹洞宗大本山の名を加えて「花月総持寺《そうじじ》」に、ＪＲ横浜線との連絡駅であることを明瞭にするために仲木戸《なかきど》駅を「京急東神奈川」に、新逗子駅を葉山への入口であることをアピールすべく「逗子・葉山《はやま》」に改めるというものだ。

「花月総持寺」や「逗子・葉山」と書いて応募する小中学生の姿はなかなか想像することができないが、「駅を使うたびにハッピーになれるような」名前というのだから、さぞキラキラしたものになるのではと身構えていた私は少々拍子抜けしたものである。

ちなみに総持寺駅は昭和十九年（一九四四）まで京急鶴見～花月園前間にあったし（同十七年から休止）、新逗子駅の前身は湘南逗子駅葉山口である。同駅には戦前に沼間《ぬまま》口と葉山口の二か所の乗り場があり、戦後にこれが京浜逗子と逗子海岸という別々の駅として復活し、その後に統合されて新逗子駅になっているので、むしろ発案者は戦前を知る八十代以上ではないかとさえ感じられる。

この「穏便な改称」で感じたのは、「高輪ゲートウェイ」に対する批判的な報道やネット上での反対意見の多さが駅名の選定に大きく影響したのではないかということだ。京急が自らのお膝元である品川の隣にできる新駅の動向に無関心なはずはないし、改称によってマイナスイメージでも付着すれば、せっかくの創立百二十周年に水を差すことにもなりかねない。しかし公募して「変える」と宣言してしまった以上はとりやめるわけにもいかない。そこで穏便、順当な改称にしておこうというのは、隣の「炎上」を見た上でのことであっても、良識の感じられる判断であった。

「南町田グランベリーパーク」登場

そんな中、令和元年（二〇一九）十月一日に東急田園都市線の南町田駅が「南町田グランベリーパーク」に改称された。南町田駅は昭和五十一年（一九七六）の開業だが、文字通り東京都町田市の最南端に近い場所で、かつては南多摩郡南村と称する、広大な多摩地域でも最南端の村であった。田園都市線の開業後は宅地化が進み、平成十二年（二〇〇〇）にはアウトレットモールとして三・三ヘクタールのグランベリーモールが進出、その後は東急と町田市による再開発で五・三ヘクタールに拡大した新しい「南町田グランベリーパーク」が誕生した。改称はその「まちびらき」の一か月前のタイミングで行われたものである。

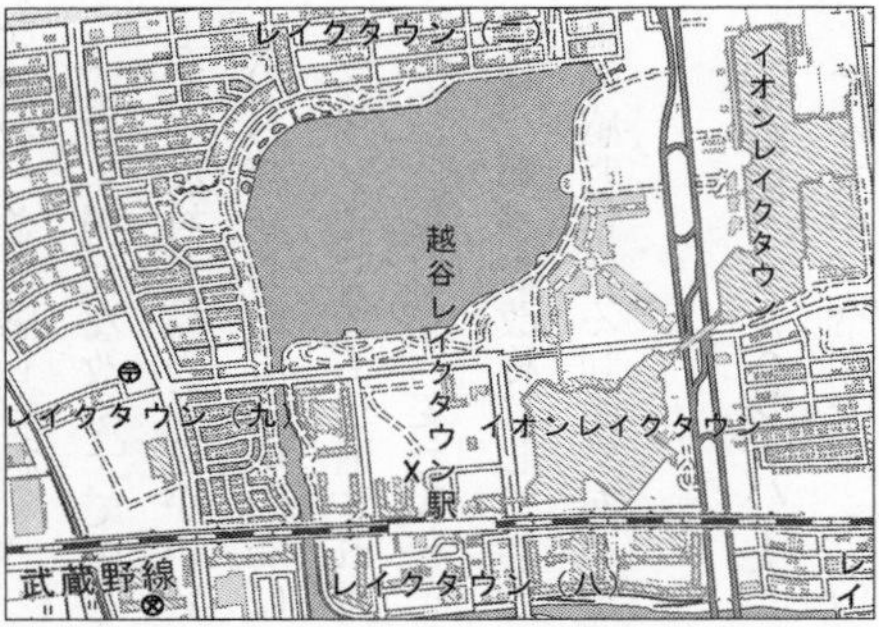

大規模ショッピングモールつきの新興住宅地に開業したJR武蔵野線の越谷レイクタウン駅。町名もカタカナ。地理院地図　令和２年（2020）２月11日ダウンロード

街開きに合わせて開業した前例としては埼玉県越谷市の越谷レイクタウン駅がある。こちらはＪＲ武蔵野線の南越谷～吉川間に平成二十年（二〇〇八）三月に新設された。駅の東側では東埼玉道路（国道四号バイパス）が交差し、将来は上を高規格道路も通り、電車でも自

動車でもアクセスできる地点である。かつて水田と湿地、調節池であった土地には約三九ヘクタールの総床面積（七百十店）を誇る超巨大なショッピングモール「イオンレイクタウン」が進出した。駅はその玄関口であるが、所在地は越谷市レイクタウン八丁目（旧町名は大成町《たいせいちょう》・東町《あずまちょう》など）である。昨今ではこのように自治体が巨大企業と組んで開発事業を行うことが目立ち、そこにはいかにも新しそうな町名が何の抵抗もなく付けられる。駅名も予定通りにその地名が採用されることが最初から決まっていたのだろう。何もかもが歴史を無視した「作り物」だ。

同じ武蔵野線でやはり大規模ショッピングモールが隣接しているのが新三郷《しんみさと》駅である。武蔵野操車場を挟む形で上下ホームが二五〇メートルほども離れていたが、操車場が廃止されて跡地の再開発が決まり、ホームは下り線（東側）の方に統一された。再開発地には「ららぽーと新三郷」とＩＫＥＡなどが進出、町名も「新三郷ららシティ」となっている。駅の旧住所は三郷市大字半田《はんた》であったが、付近の彦成《ひこなり》や采女《うねめ》などの地名は完全に無視され、やはり「作り物」の町名となった。そんな命名を躊躇しない人たちが関わっているのだから、そのうち「新三郷ららシティ駅」にならないか心配である。もっとも三郷の地名からして昭和三十一年（一九五六）に三村合併で誕生した人工的なものなのだが。

ネーミングライツで「髪毛黒生」駅?

苦戦する地方の私鉄としてよく取り上げられるのが千葉県を走る銚子電気鉄道である。全線はわずか六・四キロと短く、利用者は他の地方ローカル私鉄と同様に減少傾向だ。赤字経営が続き、平成十八年(二〇〇六)には車両の法定検査さえ行えないジリ貧となり、同社で製造販売している「ぬれ煎餅」を買って電鉄を支えようという動きが出た。それを受けたメディアの報道やネットで支援する動きが拡散し、煎餅の生産が間に合わないほどの売れ行きを示し、ようやく経営状態は一段落したという。最近ではその効果も薄れてきたため、「まずい棒」という新しい菓子も発売、よく売れているそうだ。

その一方で電鉄はネーミングライツ(命名権)で駅名を「売り」にも出しており、あくまで愛称としてながら駅名標にそれを掲げている。たとえば笠上黒生《かさがみくろはえ》駅の五年間の命名権を買った株式会社メソケアプラスは、頭髪・頭皮ケアのシャンプーなどを製造する会社として笠上黒生駅に「髪毛《かみのけ》黒生」と名付けた。

銚子電気鉄道に限らず、ローカル鉄道の本業が今後劇的に改善されることは考えにくく、結局は公的資金の投入で地元の足を守るという方向に落ち着くのだろう。一方で田んぼのまん中に「なんとかタウン」といった巨大資本の力によるヘクタール単位の巨大なショッピングモールの進出を野放しにすれば、私鉄の走っている既存の旧市街エリアの商業が売上を激減させていくのは当然のことである。

昨今では「ふるさと納税」の返礼品問題で騒がれている大阪府泉佐野《いずみさの》市が平成二十四年(二〇一二)に市名を売りに出している。関西国際空港に関連する公共事業への過大投資で財政が悪化したことが背景にあった。市名を買う会社などは現われなかったが、行政の不始末を市名売却で償うとは前代未聞で、いずれにせよこんなことが法的に可能であるのは問題だろう。

本来なら「町」のあり方を根本的に考えなければならないはずなのに、ふつうの人の生活に関わる分野での政策論争はこの国では行われず、どうしても有力業者の儲けやすい開発だけが順調に進んでしまう傾向が強い。ゲートウェイもレイクタウンもその象徴ではないだろうか。

また、人口減少で確実に縮んでいく日本の中で、特に大都市圏以外の地方鉄道の将来がどうなるかは予断を許さない。学生の減少を目の当たりにした大学の焦りは郊外や地方に「大学駅」を増やし、地域に新たな観光資源があればツイッターやインスタグラムでみんなに発信してもらい、そこに駅を作って注目を集めようとする。本来の駅名の下に併記する「副駅名」も最近はだいぶ増えた。これも増収策の一環であろうが、前述の京急でも横浜駅に「そごう・ポルタ前」、梅屋敷駅（東京都大田区）には「東邦大学前」、京急鶴見駅には「ナイス本社前」、新馬場駅（同品川区）には「寺田倉庫前」という具合だ。

駅名はどうあるべきか

明治五年（一八七二）旧暦五月七日に日本初の鉄道が仮開業で走り始めたとき、品川と横浜の二駅で始まった駅名。今や国内に一万駅ほどあるとされているが（数え方でだいぶ異なる）、そこに付けられた多くの駅名には、これまで述べたように百五十年に近い長い歴史が反映されている。開業した時のまま変わらない駅もあれば、何度も改称を経たものもある。その改称の理由も時代や事情によってさまざまだ。

実際に数多く存在している駅に対して「どうあるべきか」を主張するのは的外れと言われるかもしれないが、私は歴史的地名を基本とした駅名を少なくとも保存すべきだと考える。歴史的地名から逸脱した駅名は元に戻してほしい。先述したように原宿駅や御徒町駅、田町駅はいずれも地元の町名である原宿、御徒町、田町が約半世紀前に失われたにもかかわらず、今も実際の新町名より知名度の高さを誇っている。電車が毎日そこに停まって大勢が乗り降りしているからだ。

ひと昔前の話になるが、「平成の大合併」という自治体の大統廃合があった。これによって三千二百三十二あった市町村は現在では一千七百十八に減少している（東京都二十三区は除外）。中には旧自治体名をどこにも留めていないケースもあり、たとえばさいたま市となった旧与野市の名は区名にも町名にも存在しない。鎌倉時代の文献に見える与野という地名はその合併で呆気なく消えてしまったのである。現在は東北本線の与野駅に加えて埼京線の北与野、与野本町、南与野の各駅、それに与野高校や与野西中学校、与野公園などに残っているとはいえ、これから数十年の時を経た時に「さいたま市中央区」なんだから、そんな古い実態のない駅名を名乗らないで与野駅を「さいたま中央駅」に変更すべきという議論が出てこないとも限らない。

石川県の松任《まっとう》市の名前も合併して白山《はくさん》市になって完全に消えてしまった。ここも北陸本線の松任駅を白山駅に変更せよという声が大きくなったらどうするのだろう。茨城県の下館駅も同様である。兵庫県龍野市は周囲の町と合併してたつの市になった。山陽本線の竜野駅なども「たつの」とひらがなにせよ、という声が出ないだろうか。実際に熊本県のくま川鉄道では免田《めんだ》駅を新自治体名である「あさぎり」に変更した。

思えば、地名とは過去と現在を結ぶ「糸」のようなものである。歴史は端的に言えば「誰がどこで何をしたか」であるが、このうち「どこ」の見出し語が地名であり、その糸をたどっていけば過去の出来事にアクセスできる。京急の公募による駅名変更が結果的に穏便なものになったと書いたが、京急東神奈川駅に改称される仲木戸《なかきど》駅の「仲木戸」は、江戸時代の神奈川御殿の木戸にちなむ通称地名だという。副駅名としてカッコ内に残るそうだが、明治三十八年（一九〇五）の開業時の「地名風景」をこれまで保ってきた貴重な存在だけに、やはり惜しまれる。

五力田はなぜ五月台になったか

多摩ニュータウンの足として建設された小田急多摩線には五月台《さつきだい》という駅がある。昭和四十九年（一九七四）の開業で、地元の地名は江戸期からの村名であった五力田《ごりきだ》。『川崎の町名』（平成三年）によれば「五力田の『五』と旧小字名である大台の『台』を合わせ、明るい五月のイメージにふさわしい街づくりを願ってつけられた駅名」だそうだ。語呂が悪いから、という話も聞いているが、五力田のままでは駅名にできないという根本の思想は、農村的な地名を忌避し続けてきた地名政策に源がある。

東京市では昭和七年（一九三二）に六十四町村を一挙編入することで面積が約七倍、人口も倍以上に膨れ上がったが、この新エリアの町名命名の眼目は「農村色の排除」だった。まさに農村部から流入した都市住民が増えていた時期であり、新町名には「農耕地を想起せしめるが如き時代後れの名称、例へば太郎兵衛耕地、弥五郎新田（中略）等大都市に不適切なるものが多々あつたのであるが、此等のものは凡《すべ》て整理され」たと『東京市域拡張史』（東京市・昭和九年）には記されている。

歴史的地名の五力田を採用しなかった小田急多摩線の五月台駅（左下）と、こちらも新駅名の新百合ヶ丘駅。地理院地図　令和２年（2020）２月11日ダウンロード

この頃の感覚がずっと継続し、新しく売り出す場所には「新しさ」を感じさせる地名・駅名でなければならない、という考え方は今に至るも健在だ。東急電鉄が開発した川崎市から横浜市にかけての多摩丘陵に五〇平方キロに及ぶ広大なニュータウンは「多摩田園都市」と名付けられ、新住

民の輸送を担ったのが昭和四十一年（一九六六）に溝の口～長津田《ながつた》間を開業した田園都市線だ。新しい街の北の中心に位置づけられた駅は、当時の東急の社長であった五島昇が「たまプラーザ」と命名した。プラーザはスペイン語で広場を意味するが、当時すでに巷《ちまた》に溢れていた英語でないところがミソで、「ワンランク上の街」であることをアピールしたのである。ここはかつては歴史の古い石川村で、横浜市に編入されてから中華街に近い石川町より古いことから元石川町と称した。ニュータウンと駅はそのエリアに設けられたが、元石川駅では話にならないということだろう。

この感覚は高度成長期に子供から大人までを過ごした私と同じかそれより上の世代には濃厚に残っている。おそらく高輪ゲートウェイの駅名を決めたJRのお偉方もそうだろう。越谷市のレイクタウンや三郷市の新三郷らシティの町名を良しとしたのも同じ世代である可能性は高そうだ。

実質本位の駅名に

高度成長期がはるか昔のものとなり、何日も会社に泊まり込んでプロジェクトを成功させたもんだよ若い頃は、と自慢する（その一方で犠牲を強いた妻子への配慮はない）世代も続々と退職を迎えている。低成長が当たり前の時代に生まれた若い世代にとっては「バブル崩壊」も歴史の教科書に載っている事項に過ぎない。

もはや欧米に追い付き追い越せというメンタリティもなく、猛烈社員のような生き方から距離を取る傾向も確実に増えている。一方で大量生産・大量消費が良いという価値も変化し、自然志向は「格好良いこと」であり、農村生活を始める若い人も少なくない。以前はかなり珍しいことであった大都市圏から地方への移住も、決して統計上無視できるような例外ではなくなった。

最近ベストセラーになった『京都ぎらい』（朝日新書）で、著者の井上章一氏は京都の七条駅のアナウンスを取り上げている。標準語的に「しちじょう」と発音することへの違和感だ。駅名標も「しちじょう」だが、地元では「ひちじょう」または「ひっちょう」なのだそうで、「しちじょう」では四条と聞き違えて降りてしまう。まずは注目度の高い京都の駅から「ひちじょう」の表記を始めてみたらどうだろう。地方文化の復権の第一歩になりそうだ。

方言の持つ表現力の豊かさも改めて見直されてきているが、たとえば北海道のアイヌ文化にもより一層光を当てれば、地名の日本語とアイヌ語の併記という考え方も自然に受け入れられるだろうし、戦時中に「日本風」に変えさせられた地名の旧称復活も考えるべきだろう。

ニュージーランドでは同国最高峰のクック山をアオラキ／マウントクックと改称したし、米国のアラスカではやはり最高峰の名称をマッキンリーから、二〇一五年に先住民の言葉であるデナリに改めた。

そんな中で高輪ゲートウェイという駅名に代表される、いつまでも「新しそうなもの」で装飾された文化への若者による拒否感は世界的な流れに沿った本物ではないだろうか。ある大学生に新駅名が高輪ゲートウェイに決まったと告げた途端に「ダサーイ」と一蹴された。実に健康な感覚である。新しい駅を作るなら、その名前は歴史的地名に則った実質本位のものにすべき時代ではないだろうか。五力田ではなくて五月台が格好いいといった、実質を伴わない虚飾に満ちた新駅名はいい加減にやめるべき時である。

あとがき

『駅名学入門』などという題名を付けながら、いざ執筆を始めてみれば知らなかったことも多く、私自身が駅名学の入門者ではないか、などと思い知らされることもあった。「〇〇ヶ丘」という駅が東横線の自由ヶ丘に始まったと思い込み、実は阪急宝塚線の雲雀ヶ丘駅（現在は雲雀丘花屋敷駅として統合）であったのを知らなかったのは汗顔の至りである。その一方で、関東圏では見られない住宅地名としての「園」の駅が関西でいくつも出現していたのを知ったのは収穫だ。関西の人にとっては当たり前の歴史的事実だろうが。

ここまで来て書き足りない項目はまだある。たとえば一章分を当てるつもりだった「外国の駅名」はサンプルも十分に集められておらず、コラムの扱いに留めた。国境の変化などによる大々的な改称などに踏み込めば興味深いものが多かったはずであるが、これは後の宿題としてまたの機会にどこかで書いてみたい。

そもそも「高輪ゲートウェイ」という駅名の何が気にくわないのか、と不審に思う方は最後の章を読んでいただければわかると信じているが、そのような駅名が好きだという方には通じない可能性もある。それはある程度仕方ない。しかし歴史的地名を駅名に採用するかどうかを「趣味の問題」として片付けられたら、そこで話は終わってしまう。今や国鉄など存在せず、ほとんど私鉄ばかりなのだから、その私企業がどう名付けようが他人が容喙《ようかい》する余地などない、という論法には簡単に頷くことができない。

なぜなら、鉄道会社は公共交通を担うものだから。「ウチの電車が嫌なら他に乗ってくれ」と言える複数社が競合するエリアもたしかに存在はするけれど、目の前に駅があるのに、反対方向へ二十分も歩いて他社線を利用するという行動は、よほどヘンクツな人でない限りふつうはとらない。

駅というものは、不特定多数の人が移動のために利用する公共財である。考え方によっては市町村と同じ性格を有する「みんなのもの」であり、その名前を企業が自由に決めていいのだろうか。もちろん昨今は公募などで意見を集めることは多く行われているが、最終決定はあくまで会社の方針だろう。

それなら駅名を多数決で決めるのが良いかと言われれば、それは違う。「平成の大合併」

で市町村名が決定される際に、合併協議会に設けられた「新市名称検討小委員会」で結局は委員どうしのいろいろな駆け引きの後で多数決が行われ、妥協の産物による合成地名やひらがな市名などの惨憺たる「新市名」が続々と誕生したのを見てもその不適切さはわかる。住民の多数決の方がより良識的な場合もしばしばあったが、やはり地理や歴史などの分野を研究した実績のあるメンバーを中心に決定されるべきである。新市名の決定においては、このあたりの配慮が致命的に欠けていた。

駅名の決定にあたっても、やはり歴史的地名の尊重を第一にすべきだ。誰もが納得できる駅名を探すのは難しい場合もあるだろうが、たとえば複数の歴史的地名の中から選ぶ際にどちらも納得できないからと安易にカタカナ、ひらがなを用いた「作り物」を選んでしまえば、それが後世にまで響くのである。

日本の地名史を振り返ってみれば、特に近代に入ってから数百年、あるいは千年を超える歴史を誇る地名を、まさに弊履のように捨てて恥じない、もしくは商業目的のためにブランドとして地名を扱う（「高輪ゲートウェイ」もその類だ）風潮は長く続いている。地名に敬意を払わない動きを目にするにつけ、最終章でも書いたことではあるが、地域の過去と現在を結ぶ「糸」としての地名の役割の重要性を常に認識し、長く将来に続けていくことが重要であることを痛感する。原宿や御徒町という町名は半世紀前に捨てられてしまったが、駅名に残ったからこそ、今もこれらの地名は「現役」に留まっているのだ。

法隆寺の五重塔が日本の大切な宝であることには多くの同意が得られても、同じくらいの長い歴史を持つ地名が、形がないばかりに、なぜこれほどまでに軽んじられなければならないのだろうか。駅名を題材に、地名のあり方について考えるきっかけとしていただければ嬉しい限りだ。

「高輪ゲートウェイ」の駅名が発表されて、その撤回を求めるネット署名という運動をすぐに実行してくれた作家の能町みね子さん、これまたすぐに執筆のお話をいただいた中央公論新社の藤平歩さんには、心からの感謝を申し上げたい。


令和二年（二〇二〇）一月、それほど寒くない大寒に

今尾恵介

表1　水郡線の駅名と自治体名の関係

通過町村	駅名	設置年	西暦	設置時の所在地	現在の所在地
水戸市	**水戸**	明治22	1889	水戸市上市*	水戸市宮町
川田村	常陸青柳	明治30	1897	川田村枝川	ひたちなか市枝川
	常陸津田	昭和10	1935	川田村津田	ひたちなか市津田
五台村	後台	昭和10	1935	五台村後台	那珂市後台
菅谷村	**下菅谷**	明治30	1897	菅谷村菅谷	那珂市菅谷
	中菅谷	昭和10	1935	菅谷村菅谷	那珂市菅谷
	上菅谷	明治30	1897	菅谷村菅谷	那珂市菅谷
芳野村	常陸鴻巣	大正７	1918	芳野村鴻巣	那珂市鴻巣
瓜連村	**瓜連**	大正７	1918	瓜連村瓜連	那珂市瓜連
静村	**静**	大正８	1919	静村下大賀	那珂市下大賀
大宮町	**常陸大宮**	大正７	1918	大宮町前ノ台	常陸大宮市南町
玉川村	**玉川村**	大正11	1922	玉川村東野	常陸大宮市東野
山方村	野上原	昭和31	1956	山方町野上	常陸大宮市野上
	山方宿	大正11	1922	山方村山方	常陸大宮市山方
	中舟生	昭和31	1956	山方町舟生	常陸大宮市舟生
下小川村	**下小川**	大正14	1925	下小川村盛金	常陸大宮市盛金
	西金	大正15	1926	下小川村西金	大子町西金
上小川村	**上小川**	大正14	1925	上小川村頃藤	大子町頃藤
袋田町	**袋田**	昭和２	1927	袋田町袋田	大子町袋田
大子町	**常陸大子**	昭和２	1927	大子町大子	大子町大子
宮川村	下野宮	昭和５	1930	宮川村下野宮	大子町下野宮
高城村	矢祭山	昭和７	1932	高城村内川	矢祭町内川
豊里村	東館	昭和５	1930	豊里村東舘	矢祭町東舘
石井村	南石井	昭和32	1957	塙町下石井	矢祭町下石井
	磐城石井	昭和６	1931	石井村中石井	矢祭町中石井
常豊村	磐城塙	昭和６	1931	常豊村下渋井	塙町塙
近津村	**近津**	昭和７	1932	近津村寺山	棚倉町寺山
近津村	中豊	昭和33	1958	棚倉町流	棚倉町流
棚倉町	**磐城棚倉**	大正５	1916	棚倉町棚倉	棚倉町棚倉
社川村	×				
浅川村	**磐城浅川**	昭和９	1934	浅川村浅川	浅川町浅川
	里白石	昭和９	1934	浅川村里白石	浅川町里白石

表１－２

通過町村	駅名	設置年	西暦	設置時の所在地	現在の所在地
山橋村	×				
石川町	**磐城石川**	昭和９	1934	石川町（大字なし）	石川町（大字なし）
野木沢村	**野木沢**	昭和９	1934	野木沢村中野	石川町中野
泉村	川辺沖	昭和34	1959	玉川村川辺	玉川村川辺
	泉郷	昭和９	1934	泉村小高	玉川村小高
川東村	**川東**	昭和６	1931	川東村小作田	須賀川市小作田
小塩江村	小塩江	昭和27	1952	小塩江村塩田	須賀川市塩田
谷田川村	**谷田川**	昭和４	1929	谷田川村谷田川	郡山市田村町谷田川
守山町	**磐城守山**	昭和４	1929	守山町守山	郡山市田村町岩作
永盛村	**安積永盛**	明治42	1909	永盛村笹川	郡山市笹川

＊通過町村名は昭和９年（1934）現在のもので、太字の駅名は当時の自治体名と一致するもの。水戸駅は明治22年１月開業だが、住所は４月現在。

表2　小田原急行鉄道（現小田急電鉄小田原線）の駅名と自治体名

<table>
<tr><th>通過町村</th><th>駅名</th><th>設置年</th><th>西暦</th><th>設置時の所在地</th><th>現在の駅名</th><th>現在の所在地</th></tr>
<tr><td>淀橋町</td><td>新宿</td><td>昭和2</td><td>1927</td><td>淀橋町角筈</td><td>新宿</td><td>新宿区西新宿</td></tr>
<tr><td>千駄ヶ谷町</td><td>千駄ヶ谷新田</td><td>昭和2</td><td>1927</td><td>千駄ヶ谷町千駄ヶ谷</td><td>南新宿</td><td>渋谷区代々木</td></tr>
<tr><td rowspan="4">代々幡町</td><td>山谷</td><td>昭和2</td><td>1927</td><td>代々幡町代々木</td><td>×</td><td>×</td></tr>
<tr><td>参宮橋</td><td>昭和2</td><td>1927</td><td>代々幡町代々木</td><td>参宮橋</td><td>渋谷区代々木</td></tr>
<tr><td>代々木八幡</td><td>昭和2</td><td>1927</td><td>代々幡町代々木</td><td>代々木八幡</td><td>渋谷区代々木</td></tr>
<tr><td>代々幡上原</td><td>昭和2</td><td>1927</td><td>代々幡町代々木</td><td>代々木上原</td><td>渋谷区西原</td></tr>
<tr><td rowspan="6">世田谷町</td><td>東北沢</td><td>昭和2</td><td>1927</td><td>世田谷町下北沢</td><td>東北沢</td><td>世田谷区北沢</td></tr>
<tr><td>下北沢</td><td>昭和2</td><td>1927</td><td>世田谷町下北沢</td><td>下北沢</td><td>世田谷区北沢</td></tr>
<tr><td>世田谷中原</td><td>昭和2</td><td>1927</td><td>世田谷町代田</td><td>世田谷代田</td><td>世田谷区代田</td></tr>
<tr><td>×</td><td>昭和9</td><td>1934</td><td></td><td>梅ヶ丘</td><td>世田谷区梅丘</td></tr>
<tr><td>豪徳寺</td><td>昭和2</td><td>1927</td><td>世田谷町世田谷</td><td>豪徳寺</td><td>世田谷区豪徳寺</td></tr>
<tr><td>経堂</td><td>昭和2</td><td>1927</td><td>世田谷町経堂在家</td><td>経堂</td><td>世田谷区経堂</td></tr>
<tr><td rowspan="2">千歳村</td><td>千歳船橋</td><td>昭和2</td><td>1927</td><td>千歳村船橋</td><td>千歳船橋</td><td>世田谷区船橋</td></tr>
<tr><td rowspan="2">祖師ヶ谷大蔵</td><td rowspan="2">昭和2</td><td rowspan="2">1927</td><td>（千歳村下祖師ヶ谷）</td><td rowspan="2">祖師ヶ谷
大蔵</td><td rowspan="2">世田谷区祖師谷</td></tr>
<tr><td rowspan="3">砧村</td><td>砧村大蔵</td></tr>
<tr><td>成城学園前</td><td>昭和2</td><td>1927</td><td>砧村喜多見</td><td>成城学園前</td><td>世田谷区成城</td></tr>
<tr><td>喜多見</td><td>昭和2</td><td>1927</td><td>砧村喜多見</td><td>喜多見</td><td>世田谷区喜多見</td></tr>
<tr><td rowspan="2">狛江村</td><td>狛江</td><td>昭和2</td><td>1927</td><td>狛江村和泉</td><td>狛江</td><td>狛江市東和泉</td></tr>
<tr><td>和泉多摩川</td><td>昭和2</td><td>1927</td><td>狛江村和泉</td><td>和泉多摩川</td><td>狛江市東和泉</td></tr>
<tr><td rowspan="2">稲田村</td><td>稲田多摩川</td><td>昭和2</td><td>1927</td><td>稲田村登戸</td><td>登戸</td><td>川崎市多摩区登戸</td></tr>
<tr><td>稲田登戸</td><td>昭和2</td><td>1927</td><td>稲田村登戸</td><td>向ヶ丘遊園</td><td>川崎市多摩区登戸</td></tr>
<tr><td rowspan="3">生田村</td><td>東生田</td><td>昭和2</td><td>1927</td><td>生田村生田</td><td>生田</td><td>川崎市多摩区生田</td></tr>
<tr><td>西生田</td><td>昭和2</td><td>1927</td><td>生田村生田</td><td>読売ランド前</td><td>川崎市多摩区西生田</td></tr>
<tr><td>×</td><td>昭和35</td><td>1960</td><td></td><td>百合ヶ丘</td><td>川崎市麻生区百合丘</td></tr>
<tr><td rowspan="2">柿生村</td><td>×</td><td>昭和49</td><td>1974</td><td></td><td>新百合ヶ丘</td><td>川崎市麻生区万福寺</td></tr>
<tr><td>柿生</td><td>昭和2</td><td>1927</td><td>柿生村上麻生</td><td>柿生</td><td>川崎市麻生区上麻生</td></tr>
<tr><td>鶴川村</td><td>鶴川</td><td>昭和2</td><td>1927</td><td>鶴川村上能ヶ谷</td><td>鶴川</td><td>町田市能ヶ谷</td></tr>
<tr><td rowspan="2">町田町</td><td>玉川学園前</td><td>昭和4</td><td>1929</td><td>町田町本町田</td><td>玉川学園前</td><td>町田市玉川学園</td></tr>
<tr><td>新原町田</td><td>昭和2</td><td>1927</td><td>町田町原町田</td><td>町田</td><td>町田市原町田</td></tr>
<tr><td rowspan="2">大野村</td><td>×</td><td>昭和13</td><td>1938</td><td></td><td>相模大野</td><td>相模原市南区
相模大野</td></tr>
<tr><td>×</td><td>昭和13</td><td>1938</td><td></td><td>小田急相模原</td><td>相模原市南区南台</td></tr>
<tr><td rowspan="2">座間村</td><td>座間</td><td>昭和2</td><td>1927</td><td>座間村座間</td><td>相武台前</td><td>座間市相武台</td></tr>
<tr><td>新座間</td><td>昭和2</td><td>1927</td><td>座間村座間</td><td>座間</td><td>座間市入谷東</td></tr>
<tr><td rowspan="2">海老名村</td><td>海老名国分</td><td>昭和2</td><td>1927</td><td>海老名村国分</td><td>海老名</td><td>海老名市めぐみ町</td></tr>
<tr><td>河原口</td><td>昭和2</td><td>1927</td><td>海老名村河原口</td><td>厚木</td><td>海老名市河原口</td></tr>
<tr><td>厚木町</td><td>相模厚木</td><td>昭和2</td><td>1927</td><td>厚木町（大字なし）</td><td>本厚木</td><td>厚木市泉町</td></tr>
</table>

表２－２

通過町村	駅名	設置年	西暦	設置時の所在地	現在の駅名	現在の所在地
南毛利村	愛甲石田	昭和２	1927	南毛利村愛甲	愛甲石田	厚木市愛甲
成瀬村				（成瀬村石田）		（伊勢原市石田）
伊勢原町	**伊勢原**	昭和２	1927	伊勢原町東大竹	**伊勢原**	伊勢原市桜台
比々多村	×				×	
大根村	鶴巻	昭和２	1927	大根村落幡	鶴巻温泉	秦野市鶴巻北
	大根	昭和２	1927	大根村南矢名	東海大学前	秦野市南矢名
南秦野村	**大秦野**	昭和２	1927	南秦野村尾尻 （秦野町至近）	**秦野**	秦野市大秦町
西秦野村	渋沢	昭和２	1927	西秦野村渋沢	渋沢	秦野市曲松
上秦野村	×					
松田町	新**松田**	昭和２	1927	松田町松田惣領	新**松田**	松田町松田惣領
吉田島村	×	昭和60	1985		開成	開成町吉田島
桜井村	栢山	昭和２	1927	桜井村栢山	栢山	小田原市栢山
足柄村	富水	昭和２	1927	足柄村堀ノ内	富水	小田原市堀ノ内
	×	昭和27	1952		螢田	小田原市蓮正寺
	足柄	昭和２	1927	足柄村多古	足柄	小田原市扇町
小田原町	**小田原**	昭和２	1927	小田原町緑	**小田原**	小田原市城山

※通過町村名は昭和２年（1927）現在のもので、太字の駅名は当時の自治体名と一致するもの。２町村にまたがる駅は上段が正式な所在地。

表3　八高線の駅名と自治体名の関係

通過町村	駅名	設置年	西暦	設置時の所在地	現在の所在地
八王子市	**八王子**	明治22	1889	八王子町子安町	八王子市旭町
	北八王子	昭和34	1959	八王子市石川町	八王子市石川町
小宮村	**小宮**	昭和6	1931	小宮村粟ノ須	八王子市小宮町
拝島村	**拝島**	明治27	1894	拝島村●	昭島市松原町
福生村	東福生	昭和6	1931	福生村●	福生市武蔵野台
箱根ヶ崎村	**箱根ケ崎**	昭和6	1931	箱根ヶ崎村●	瑞穂町箱根ヶ崎
金子村	**金子**	昭和6	1931	金子村南峯	入間市南峯
加治村	東飯能	昭和6	1931	加治村笠縫	飯能市東町
精明村	×				
高麗川村	**高麗川**	昭和8	1933	高麗川村原宿	日高市原宿
毛呂村	**毛呂**	昭和8	1933	毛呂村前久保	毛呂山町岩井
越生町	**越生**	昭和8	1933	越生町越生	越生町越生
明覚村	**明覚**	昭和9	1934	明覚村番匠	ときがわ町番匠
小川町	**小川町**	昭和9	1934	小川町大塚	小川町大塚
竹沢村	**竹沢**	昭和9	1934	竹沢村勝呂	小川町勝呂
折原村	**折原**	昭和9	1934	折原村西ノ入	寄居町西ノ入
寄居町	**寄居**	昭和8	1933	寄居町寄居	寄居町寄居
用土村	**用土**	昭和8	1933	用土村下宿	寄居町用土
松久村	**松久**	昭和8	1933	松久村甘粕	美里町甘粕
児玉町	**児玉**	昭和6	1931	児玉町児玉	本庄市児玉町児玉
丹荘村	**丹荘**	昭和6	1931	丹荘村植竹	神川町植竹
藤岡町	**群馬藤岡**	昭和6	1931	藤岡町藤岡	藤岡市藤岡
小野村	北藤岡	昭和36	1961	藤岡市立石	藤岡市立石
倉賀野町	**倉賀野**	明治27	1894	倉賀野町●	高崎市倉賀野町

※通過町村名は昭和９年（1934）現在のもので、太字の駅名は当時の自治体名と一致するもの。●印は大字のない町村を示す。

表4　東京市電1系統の停留場一覧

※昭和42年は1系統・22系統の各一部

	昭和4年（1929）現在		昭和42年（1967）現在	
	停留場名	所在地	停留場名	所在地
●	北品川	品川町北品川宿	×	
	高輪南町	高輪南町	×	
	品川駅前		品川駅前	高輪三丁目
	東禅寺前		高輪北町	高輪二丁目
	庚申堂前	高輪北町		
●	泉岳寺前	高輪車町	泉岳寺前	高輪二丁目
	田町九丁目	田町九丁目	田町九丁目	三田三丁目
●	札ノ辻	田町四丁目	札ノ辻	三田三丁目
●	薩摩原（三田）	本芝四丁目	三田	芝四丁目
●	本芝一丁目（芝橋）	本芝一丁目	東京港口	芝一丁目
●	金杉橋	金杉一丁目	金杉橋	芝一丁目
	大門	浜松町一丁目	大門	浜松町一丁目
●	宇田川町	宇田川町	浜松町一丁目	浜松町一丁目
	露月町	露月町	新橋五丁目	新橋五丁目
	新橋駅前	芝口二丁目	×	
●	芝口	芝口一丁目	新橋	新橋二丁目
	出雲町	出雲町	銀座七丁目	銀座七丁目
●	銀座四丁目	銀座四丁目	銀座四丁目	銀座四丁目
	銀座二丁目	銀座二丁目	銀座二丁目	銀座一丁目
	銀座一丁目	銀座一丁目	×	
●	京橋	南伝馬町三丁目	京橋	京橋三丁目
	通三丁目	通三丁目	通三丁目	京橋一丁目
●	日本橋	通一丁目	日本橋	日本橋二丁目
	室町	室町二丁目	室町一丁目	日本橋室町一丁目
●	本石町	本石町二丁目	室町三丁目	日本橋室町三丁目
	鉄砲町	鉄砲町	本町三丁目	日本橋本町三丁目
●	小伝馬町	小伝馬町一丁目	小伝馬町	日本橋小伝馬町
	鞍掛橋	馬喰町一丁目	×	
	馬喰町三丁目	馬喰町三丁目	馬喰町	日本橋馬喰町一丁目
●	浅草橋	元柳町	浅草橋	日本橋馬喰町一丁目
	瓦町	瓦町	浅草橋駅前	浅草橋一丁目
●	御蔵前片町	御蔵前片町	蔵前一丁目	蔵前一丁目

表4－2

昭和4年（1929）現在		昭和42年（1967）現在	
停留場名	所在地	停留場名	所在地
南元町	南元町	蔵前二丁目	蔵前二丁目
● 厩橋	黒船町	厩橋	蔵前三丁目
● 駒形町	駒形町	駒形二丁目	駒形一丁目
● 吾妻橋西詰	花川戸町	浅草	雷門二丁目
● 雷門	馬道一丁目	雷門	雷門二丁目

※所在地（区名は省略）はそれぞれの年代のもので、上下線の乗り場が複数町にまたがる場合は代表的なものを掲載した。●は他線との接続停留場。

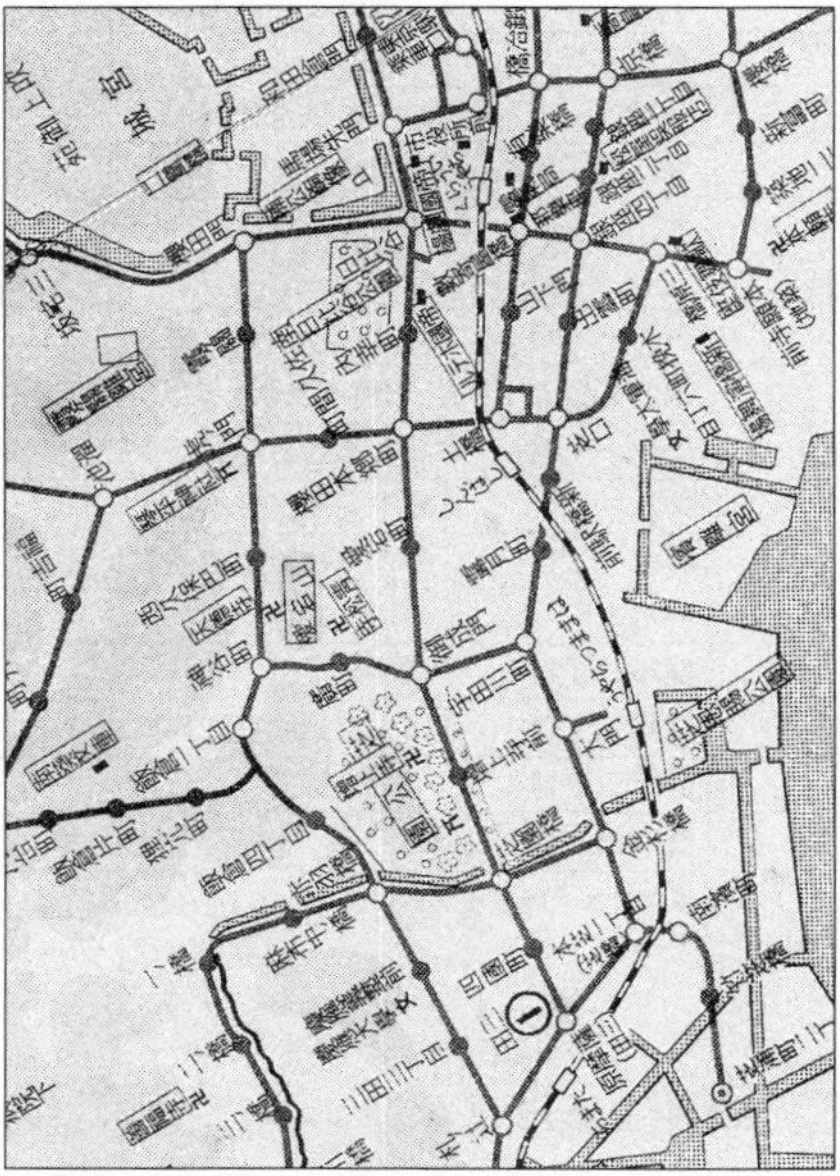

昭和4年（1929）の東京市電の路線図。東京市電気局「電車案内」

表５　熊本市電Ａ系統の停留場一覧

停留場名	所在地	備考
田崎橋	春日二丁目	
二本木口	春日二丁目	
熊本駅前	春日三丁目	
祇園橋	細工町五丁目	
呉服町	呉服町	
河原町	河原町	
慶徳校前	練兵町	慶徳小学校
辛島町	辛島町	
花畑町	花畑町	
熊本城・市役所前	手取本町	
通町筋	手取本町	上通町と下通を結ぶ通り名
水道町	水道町	
九品寺交差点	九品寺一丁目	かつては電報局前
交通局前	大江五丁目	
味噌天神前	大江五丁目	本村神社（味噌の守護神）
新水前寺駅前	国府一丁目	
国府	国府一丁目	
水前寺公園	水前寺公園	「水前寺公園」の町名は昭和45年から
市立体育館前	出水一丁目	熊本市総合体育館
商業高校前	神水一丁目	熊本商業高等学校
八丁馬場	神水一丁目	健軍神社参道の通称
神水交差点	神水本町	
健軍校前	健軍二丁目	健軍小学校
動植物園入口	健軍三丁目	熊本市動植物園入口まで650m
健軍交番前	健軍三丁目	
健軍町	健軍三丁目	

※上下線の乗り場が複数町にまたがる場合は代表的なものを掲載した。

表6　都電荒川線の停留場

停留場名	所在地	備考
早稲田	西早稲田一丁目	東京メトロ東西線早稲田駅とは離れた場所
面影橋	西早稲田三丁目	
学習院下	高田二丁目	
鬼子母神前	雑司が谷二丁目	
都電雑司ヶ谷	南池袋三丁目	東京メトロ副都心線雑司が谷駅開業に伴って「都電」を冠称
東池袋四丁目	東池袋四丁目	開業時は「水久保」
向原	東池袋四丁目	旧大字巣鴨の小字「向原」より
大塚駅前	南大塚三丁目	
巣鴨新田	西巣鴨一丁目	旧大字巣鴨の小字「新田」より
庚申塚	西巣鴨二丁目	旧大字巣鴨の小字「庚申塚」より
新庚申塚	西巣鴨三丁目	同上。中山道の新道開通に伴って設置
西ヶ原四丁目	西ヶ原四丁目	開業時は「滝野川」
滝野川一丁目	滝野川一丁目	
飛鳥山		飛鳥山（自然地名）、飛鳥山公園（花見名所）
王子駅前	王子一丁目	
栄町	栄町	栄町は昭和28年に設定、その頃に飛鳥山下から改称
梶原	上中里三丁目	旧大字堀之内の小字「梶原」より
荒川車庫前	西尾久七丁目	開業時は「船方前」
荒川遊園地前	西尾久五丁目	
小台	西尾久五丁目	小台は隅田川の対岸。かつては「小台ノ渡」
宮ノ前	西尾久二丁目	旧大字上尾久の小字「宮ノ前」より
熊野前	東尾久三丁目	旧大字上尾久の小字「熊野前」より
東尾久三丁目	東尾久三丁目	開業時は「下尾久」
町屋二丁目	荒川六丁目	開業時は「町屋」
町屋駅前	荒川七丁目	開業時は「稲荷前」
荒川七丁目		開業時は「博善社前」
荒川二丁目	荒川二丁目	開業時は「三河島」
荒川区役所前	荒川一丁目	開業時は「千住間道」
荒川一中前	南千住一丁目	
三ノ輪橋		開業時は「三ノ輪」

※上下線の乗り場が複数町にまたがる場合は代表的なものを掲載した。

表7　大学に関連する駅（設置・改称年順）

駅名	路線		大学名	設置・改称年	旧駅名（備考）
成城学園前	小田急小田原線	●	成城学園大学	1927	
玉川学園前	小田急小田原線	●	玉川学園大学	1929	
明大前	京王京王線・井の頭線	●	明治大学	1935	松原・西松原
学園前	近鉄奈良線	●	帝塚山大学	1942	
学芸大学	東急東横線	◎	東京学芸大学	1952	碑文谷＊
都立大学	東急東横線	○	東京都立大学	1952	柿ノ木坂＊
農学部前	高松琴平電鉄長尾線	◎	香川大学	1958	田中道＊
関大前	阪急千里線	●	関西大学	1964	（2駅を統合）＊
駒場東大前	京王井の頭線	◎	東京大学	1965	（2駅を統合）＊
一橋学園	西武多摩湖線	◎	一橋大学	1966	（2駅を統合）＊
野々市工大前	北陸鉄道石川線	●	金沢工業大学	1966	上野々市＊
大学前	上田電鉄	○	長野大学	1974	下本郷＊
駒沢大学	東急田園都市線	●	駒澤大学	1977	
愛大医学部南口	伊予鉄道横河原線	◎	愛媛大学	1981	
女子大	山万ユーカリが丘線	●	和洋女子大（セミナーハウス）	1982	（大学本体は進出中止）
自治医大	JR東北本線	●	自治医科大学	1983	
新潟大学前	JR越後線	◎	新潟大学	1984	
馬出九大病院前	福岡市営地下鉄箱崎線	◎	九州大学	1984	（地名と連称）
学園都市	神戸市営地下鉄西神・山手線	○	兵庫県立大学・神戸市外国語大学ほか	1985	（複数大学）
あいの里教育大	JR札沼線	◎	北海道教育大学	1986	（地名と連称）
箱崎九大前	福岡市営地下鉄箱崎線	◎	九州大学	1986	（地名と連称）
東海学園前	JR豊肥本線	●	東海大学	1986	
東海大学前	小田急小田原線	●	東海大学	1987	大根
別府大学	JR日豊本線	●	別府大学	1987	
教育大前	JR鹿児島本線	◎	福岡教育大学	1988	
市大医学部	金沢シーサイドライン	○	横浜市立大学	1989	
京都精華大前	叡山電鉄鞍馬線	●	京都精華大学	1989	
九産大前	JR鹿児島本線	●	九州産業大学	1989	
大学前	近江鉄道本線	●	びわこ学院大学	1990	
九州工大前	JR鹿児島本線	◎	九州工業大学	1990	新中原
大阪教育大前	近鉄大阪線	◎	大阪教育大学	1991	
大森・金城学院前	名鉄瀬戸線	●	金城学院大学	1992	大森
小波瀬西工大前	JR日豊本線	●	西日本工業大学	1992	小波瀬

表7－2

駅名	路線		大学名	設置・改称年	旧駅名（備考）
学園前	札幌市営地下鉄東豊線	●	北海学園大学	1994	
大学	松浦鉄道	○	長崎県立大学佐世保校	1994	＊
北海道医療大学	JR札沼線	●	北海道医療大学	1995	＊
学園前	京成千原線	●	千葉明徳短期大学	1995	
鳥取大学前	JR山陰本線	◎	鳥取大学	1995	
船橋日大前	東葉高速鉄道	●	日本大学	1996	（地名と連称）
東大前	東京メトロ南北線	◎	東京大学	1996	
鍼灸大学前	JR山陰本線	●	明治国際医療大学	1996	（旧大学名）
板倉東洋大前	東武日光線	●	東洋大学	1997	（地名と連称）
六会日大前	小田急江ノ島線	●	日本大学	1998	六会
福島学院前	阿武隈急行	●	福島学院大学	2000	
印旛日本医大	北総鉄道など	●	日本医科大学看護専門学校・千葉北総病院	2000	（地名と連称）
大塚・帝京大学	多摩都市モノレール	●	帝京大学	2000	（地名と連称）
中央大学・明星大学	多摩都市モノレール	●	中央大学・明星大学	2000	（２大学連称）
久留米大学前	JR久大本線	●	久留米大学	2000	
高崎商科大学前	上信電鉄	●	高崎商科大学	2002	
北新・松本大学前	アルピコ交通	●	松本大学	2002	北新
大分大学前	JR豊肥本線	◎	大分大学	2002	
福大前西福井	えちぜん鉄道三国芦原線	◎	福井大学	2003	西福井
名古屋大学	名古屋市営地下鉄名城線	◎	名古屋大学	2003	
県立大学	京急本線	○	神奈川県立保健福祉大学	2004	京急安浦
都留文科大学前	富士急行	○	都留文科大学	2004	
崇城大学前	JR鹿児島本線	●	崇城大学	2004	＊
柏の葉キャンパス	つくばエクスプレス	◎	東京大学・千葉大学	2005	
愛知大学前	豊橋鉄道	●	愛知大学	2005	＊
芸大通	リニモ	○	愛知県立芸術大学	2005	
徳重・名古屋芸大	名鉄犬山線	●	名古屋芸術大学	2005	徳重
九大学研都市	JR筑肥線	◎	九州大学	2005	
福大前	福岡市営地下鉄七隈線	●	福岡大学	2005	
東北福祉大前	JR仙山線	●	東北福祉大学	2007	
弘前学院大前	弘南鉄道大鰐線	●	弘前学院大学	2008	西弘前
福工大前	JR鹿児島本線	●	福岡工業大学	2008	筑前新宮

表7－3

駅名	路線		大学名	設置・改称年	旧駅名（備考）
和歌山大学前（ふじと台）	南海本線	◎	和歌山大学	2012	
常葉大学前	天竜浜名湖鉄道	●	常葉大学	2013	＊
獨協大学前〈草加松原〉	東武伊勢崎線	●	獨協大学	2017	松原団地
羽沢横浜国大	相鉄新横浜線・JR東海道本線	◎	横浜国立大学	2019	（地名と連称）
山陽女学園前	広島電鉄宮島線	●	山陽女子短期大学	2019	＊
八木沢・宮古短大	三陸鉄道リアス線	○	岩手県立大学宮古短期大学部	2019	（地名と連称）
石橋阪大前	阪急宝塚線	◎	大阪大学	2019	石橋
鳴尾・武庫川女子大前	阪神本線	●	武庫川女子大学	2019	鳴尾
龍谷大前深草	京阪本線	●	龍谷大学	2019	深草

※設置・改称年は現駅名になった年。大学名は現在の名称で、印は◎国立大学、○公立大学、●私立大学（短期大学を含む）。旧駅名は直近まで名乗っていた「地名系」駅名で、＊印は別の校名（前身など）を名乗る駅から改称したことを示す。空欄は「学校駅」として新設された駅。網掛けはJR線を示す。

表8　観光客誘致のための改称（年代順）

▲：山岳　△：高原　○：湖・海岸その他　♨：温泉　卍：寺院　⛩：神社
□：公園・施設等　…：その他　▒部分は国鉄またはJR線

旧駅名	新駅名	種別	改称年	路線名（カッコ内は現在）・備考
垂水	舞子	○	1889	山陽鉄道（山陽本線）現垂水駅
名倉	高野口	卍	1903	紀和鉄道（和歌山線）
葛	吉野口	▲	1903	南和鉄道（和歌山線）
浜寺	浜寺公園	□	1907	南海鉄道（南海電鉄本線）
一身田町	高田本山	卍	1918	伊勢鉄道〔旧〕（近鉄名古屋線）
宝登山	長瀞	○	1923	秩父鉄道
大滝	鬼怒川温泉	♨	1927	下野電気鉄道（東武鬼怒川線）
国神	上長瀞	○	1928	秩父鉄道
東照宮前	屋島登山口	▲	1929	四国水力電気（琴電志度線）
信濃別所	別所温泉	♨	1930	上田温泉電軌（上田電鉄）
牛島	藤の牛島	□	1931	総武鉄道〔新〕（東武野田線）
石神井	石神井公園	□	1933	武蔵野鉄道（西武池袋線）
秋月	日前宮	⛩	1933	和歌山鉄道（和歌山電鐵）
舞子	舞子公園	□	1935	山陽電鉄本線
宍粟	豪渓	○	1935	伯備線
西岡崎	岡崎公園前	□	1936	愛知電気鉄道（名鉄名古屋本線）
上高井戸	芦花公園	□	1937	京王電気軌道（京王電鉄京王線）
関戸	聖蹟桜ヶ丘	□	1937	京王電気軌道（京王電鉄京王線）
百草	百草園	□	1937	京王電気軌道（京王電鉄京王線）
高幡	高幡不動	卍	1937	京王電気軌道（京王電鉄京王線）
青山六丁目	神宮前	⛩	1939	東京高速鉄道（東京メトロ銀座線）
小沼	三つ峠	▲	1943	富士山麓電鉄（富士急行）
錦織	近江神宮前	⛩	1948	京阪石山坂本線
犬山橋	犬山遊園	□	1949	名鉄犬山線
湯町	玉造温泉	♨	1949	山陰本線
京成花輪	船橋競馬場前	□	1950	京成電鉄本線
西宇	小歩危	○	1950	土讃線
阿波赤野	大歩危	○	1950	土讃線
上老松	伊予出石	▲	1950	予讃線
宗吾	宗吾参道	卍	1951	京成電鉄本線
朝生原	養老渓谷	○	1954	小湊鐵道
常久	競艇場前	□	1954	西武多摩川線
山端	宝ヶ池	○	1954	京福電鉄鞍馬線（叡山電鉄本線）
平山	平山城址公園	□	1955	京王帝都電鉄（京王電鉄京王線）
稲田登戸	向ヶ丘遊園	□	1955	小田急小田原線
与瀬	相模湖	○	1956	中央本線　相模湖は自治体名

表8－2

旧駅名	新駅名	種別	改称年	路線名（カッコ内は現在）・備考
沓掛	中軽井沢	…	1956	信越本線（しなの鉄道）
備後熊野	比婆山	▲	1956	芸備線
小豆沢	八幡平	▲	1957	花輪線
南淡輪	みさき公園	□	1957	南海電鉄本線
湯田	湯田温泉	♨	1961	山口線
虻田	洞爺	○	1962	室蘭本線
船橋競馬場前	センター競馬場前	□	1963	京成電鉄本線
西生田	読売ランド前	□	1964	小田急小田原線
佐田	榊原温泉口	♨	1965	近鉄大阪線
生保内	田沢湖＊	○	1966	田沢湖線　田沢湖は自治体名
柏原	黒姫	▲	1968	信越本線（しなの鉄道）
信濃四ッ谷	白馬	▲	1968	大糸線　白馬は自治体名
田口	妙高高原	△	1969	信越本線（えちごトキめき鉄道）
今渡	日本ライン今渡	○	1969	名鉄広見線
千寿ヶ原	立山	▲	1970	富山地方鉄道立山線
小見	有峰口	▲	1970	富山地方鉄道立山線
作見	加賀温泉	♨	1970	北陸本線
北松江	松江温泉	♨	1970	一畑電鉄（一畑電車）
大社神門	出雲大社前	⛩	1970	一畑電鉄（一畑電車）
宇奈月	宇奈月温泉	♨	1971	富山地方鉄道本線
神宮前	表参道	⛩	1972	営団地下鉄（東京メトロ）
二の平	彫刻の森	□	1972	箱根登山鉄道
金津	芦原温泉	♨	1972	北陸本線
芦原	芦原湯町	♨	1972	京福電鉄（えちぜん鉄道）三国芦原線
相生橋	原爆ドーム前	□	1974	広島電鉄本線
武雄	武雄温泉	♨	1975	佐世保線
麻績	聖高原	△	1976	篠ノ井線
洲崎	こどもの国	□	1976	名鉄蒲郡線
温海	あつみ温泉	♨	1977	羽越本線
鏡ヶ崎	浜山公園北口	□	1977	一畑電鉄（一畑電車）
狭山湖	西武球場前	□	1979	西武狭山線
多摩湖	西武遊園地	□	1979	西武多摩湖線
和倉	和倉温泉	♨	1980	七尾線
南咲来	天塩川温泉	♨	1981	宗谷本線
杉戸	東武動物公園	□	1981	東武伊勢崎線
西灘	王子公園	□	1984	阪急神戸線
浅虫	浅虫温泉	♨	1986	東北本線（青い森鉄道）

表8－3

旧駅名	新駅名	種別	改称年	路線名（カッコ内は現在）・備考
会津滝ノ原	会津高原	△	1986	会津鉄道
金田一	金田一温泉	♨	1987	IGRいわて銀河鉄道
上三寄	芦ノ牧温泉	♨	1987	会津鉄道
桑原	芦ノ牧温泉南	♨	1987	会津鉄道
湯野上	湯野上温泉	♨	1987	会津鉄道
会津落合	養鱒公園	□	1987	会津鉄道
糸沢	七ヶ岳登山口	▲	1987	会津鉄道
戸狩	戸狩野沢温泉	♨	1987	飯山線
下鯖江	西山公園	□	1987	福井鉄道
佐久米	浜名湖佐久米	○	1987	天竜浜名湖鉄道
稲生	鈴鹿サーキット稲生	□	1987	伊勢鉄道〔現〕
川湯	川湯温泉	♨	1988	釧網本線
岩手松尾	松尾八幡平	▲	1988	花輪線
龍ケ森	安比高原	△	1988	花輪線
面白山	面白山高原	△	1988	仙山線
下野上三依	上三依塩原	♨	1988	野岩鉄道
潜竜	潜竜ヶ滝	○	1988	松浦鉄道
東人吉	相良藩願成寺	卍	1989	くま川鉄道
弟子屈	摩周	○	1990	釧網本線
川根長島	接岨峡温泉	♨	1990	大井川鐵道井川線
丹後木津	木津温泉	♨	1990	北近畿タンゴ鉄道（京都丹後鉄道）
京町	京町温泉	♨	1990	吉都線
大鰐	大鰐温泉	♨	1991	奥羽本線
陸中川尻	ほっとゆだ	♨	1991	北上線
陸中大石	ゆだ錦秋湖	○	1991	北上線
岩手湯田	ゆだ高原	△	1991	北上線
川原湯	川原湯温泉	♨	1991	吾妻線
長野原	長野原草津口	♨	1991	吾妻線
下部	下部温泉	♨	1991	身延線
湯谷	湯谷温泉	♨	1991	飯田線
電鉄林崎	林崎松江海岸	○	1991	山陽電鉄本線
北上ノ山	茂吉記念館前	□	1992	奥羽本線
上ノ山	かみのやま温泉	♨	1992	奥羽本線
勝沼	勝沼ぶどう郷	…	1993	中央本線
石和	石和温泉	♨	1993	中央本線
三田川	吉野ヶ里公園	□	1993	長崎本線
阿蘇下田	阿蘇下田城ふれあい温泉	♨	1993	南阿蘇鉄道

表8－4

旧駅名	新駅名	種別	改称年	路線名（カッコ内は現在）・備考
浪板	浪板海岸	○	1994	山田線（三陸鉄道リアス線）
叡山	比叡山坂本	卍▲	1994	湖西線
嵯峨	嵯峨嵐山	○	1994	山陰本線
釜谷臼	あいの里公園	□	1995	札沼線
湯瀬	湯瀬温泉	♨	1995	花輪線
二日町	白鳥高原	△	1996	長良川鉄道
川渡	川渡温泉	♨	1997	陸羽東線
東鳴子	鳴子御殿湯	♨	1997	陸羽東線
鳴子	鳴子温泉	♨	1997	陸羽東線
中山平	中山平温泉	♨	1997	陸羽東線
大長	北勢中央公園口	□	1997	三岐鉄道三岐線
斜里	知床斜里	○	1998	釧網本線
多賀	多賀大社前	⛩	1998	近江鉄道本線
太郎坊	太郎坊宮前	⛩	1998	近江鉄道八日市線
羽前赤倉	赤倉温泉	♨	1999	陸羽東線
瀬見	瀬見温泉	♨	1999	陸羽東線
陸奥黒崎	白神岳登山口	▲	2000	五能線
古江	ルイス・C.ティファニー庭園美術館前	□	2001	一畑電鉄（一畑電車）
種差	種差海岸	○	2002	八戸線
奥中山	奥中山高原	△	2002	IGRいわて銀河鉄道
八瀬遊園	八瀬比叡山口	▲	2002	叡山電鉄本線
松江温泉	松江しんじ湖温泉	♨	2002	一畑電鉄（一畑電車）
大和紡前	出雲科学館パークタウン前	□	2002	一畑電鉄（一畑電車）
芦原湯町	あわら湯のまち	♨	2003	えちぜん鉄道三国芦原線
東古市	永平寺口	卍	2003	えちぜん鉄道勝山永平寺線
笹間渡	川根温泉笹間渡	♨	2003	大井川鐵道大井川本線
霧島西口	霧島温泉	♨	2003	肥薩線
日奈久	日奈久温泉	♨	2004	肥薩おれんじ鉄道
城崎	城崎温泉	♨	2005	山陰本線
会津高原	会津高原尾瀬口	△	2006	会津鉄道
上三依塩原	上三依塩原温泉口	♨	2006	野岩鉄道
中三依	中三依温泉	♨	2006	野岩鉄道
太秦	太秦広隆寺	卍	2007	京福電鉄嵐山線
車折	車折神社	⛩	2007	京福電鉄嵐山線
御室	御室仁和寺	卍	2007	京福電鉄北野線
竜安寺道	龍安寺	卍	2007	京福電鉄北野線

表8－5

旧駅名	新駅名	種別	改称年	路線名（カッコ内は現在）・備考
ルイス・C.ティファニー庭園美術館前	松江イングリッシュガーデン	□	2007	一畑電車
黒谷	和銅黒谷	…	2008	秩父鉄道
碧海堀内	堀内公園	□	2008	名鉄西尾線
雄琴	おごと温泉	♨	2008	湖西線
五条	清水五条	卍	2008	京阪本線
四条	祇園四条	…	2008	京阪本線
西川	西川緑道公園	□	2008	岡山電気軌道東山本線
小石浜	恋し浜	○	2009	三陸鉄道リアス線
水間	水間観音	卍	2009	水間鉄道
人吉	人吉温泉	♨	2009	くま川鉄道
上鯖江	サンドーム西	□	2010	福井鉄道
花白	花白温泉	♨	2011	明知鉄道
富士吉田	富士山	▲	2011	富士急行
市役所前	熊本城・市役所前	□	2011	熊本市電
業平橋	とうきょうスカイツリー	□	2012	東武伊勢崎線
松尾	松尾大社	⛩	2013	阪急嵐山線
服部	服部天神	⛩	2013	阪急宝塚線
中山	中山観音	卍	2013	阪急宝塚線
木津温泉	夕日ヶ浦木津温泉	♨	2015	京都丹後鉄道
丹後神野	小天橋	○	2015	京都丹後鉄道
但馬三江	コウノトリの郷	…	2015	京都丹後鉄道
東山	東山・おかでんミュージアム駅	□	2017	岡山電気軌道東山本線
坂本	坂本比叡山口	卍▲	2018	京阪石山坂本線
浜大津	びわ湖浜大津	○	2018	京阪京津線
松山町	平和公園	□	2018	長崎電気軌道
浜口町	原爆資料館	□	2018	長崎電気軌道
築町	新地中華街	□	2018	長崎電気軌道
西浜町	浜町アーケード	□	2018	長崎電気軌道
正覚寺下	崇福寺	卍	2018	長崎電気軌道
賑橋	めがね橋	□	2018	長崎電気軌道
八幡市	石清水八幡宮	⛩	2019	京阪本線
花月園前	花月総持寺	卍	2020	京急本線

※線名は通称を含み（カッコ内は現在の線名）、複数路線にまたがる場合は代表的なものを表示。変更の多いもの、「前」の付加、削除など軽微な改称は一部省略した。かつて観光改称が行われたが現在まで継続していないものは省いた。

表9　防諜のために改称した駅

県	駅名	改称年	新駅名	路線
茨城	飛行場前	不明	野殿	常総鉄道（関東鉄道）
茨城	兵営前	1940-42	南袴塚	茨城鉄道（茨城交通）
埼玉	所沢飛行場前	1941	所沢御幸町	西武鉄道川越線（新宿線）
埼玉	所沢飛行場	1940	東所沢	武蔵野鉄道（西武）
埼玉	山口貯水池	1941	上山口	武蔵野鉄道（西武）
埼玉	村山貯水池際	1941	村山	武蔵野鉄道（西武）
東京	一聯隊前	1941頃	竜土町	東京市電
東京	海軍大学校前	1940頃	上大崎二丁目	東京市電
東京	三聯隊裏	1940頃	墓地裏	東京市電
東京	モスリン裏	1942頃	亀戸七丁目	東京市電
東京	浄水場前	1940頃	角筈二丁目	西武鉄道（都電）
東京	村山貯水池前	1941	狭山公園	西武鉄道村山線
東京	村山貯水池	1941	狭山公園前	多摩湖鉄道（西武）
神奈川	石油（貨）	1943	浜安善（貨）	鶴見線
神奈川	陸士前	1940	相武台下	相模鉄道（JR相模線）
神奈川	昭和産業	1942	四之宮口	相模鉄道（JR相模線）
神奈川	軍需部前	1940	安針塚	湘南電気鉄道（京急）
神奈川	横須賀軍港	1940	横須賀汐留	湘南電気鉄道（京急）
神奈川	味の素前	1944	鈴木町	東急大師線（京急）
神奈川	通信学校	1941	相模大野	小田急小田原線
神奈川	士官学校前	1941	相武台前	小田急小田原線
山梨	飛行場前	1941	釜無川	峡西電気鉄道（山梨交通）
富山	日満工場前	1943	大広田	富山地方鉄道（富山港線）
富山	練兵場前	1940	県立富山工業学校前	富山市電（富山地方鉄道）
富山	聯隊前	1940	五福	富山市電（富山地方鉄道）
石川	野村兵営前	1940頃	寺町	金沢電気軌道（北陸鉄道）
石川	無線電信所前	?	松原	金石電気鉄道（北陸鉄道）
福井	兵営	1939	中央	福武電気鉄道（福井鉄道）
長野	聯隊裏	1941	三軒屋	松本電気鉄道
静岡	聯隊前	1940	上池川	浜松鉄道（遠州鉄道）
静岡	飛行聯隊前	1940	小豆餅	浜松鉄道（遠州鉄道）
静岡	廠舎口	1940	曳馬野	浜松鉄道（遠州鉄道）

表９－２

県	駅名	改称年	新駅名	路線
愛知	師団口	1943	高師口	名古屋鉄道渥美線（豊橋鉄道）
愛知	兵器廠前	1943	町畑	名古屋鉄道渥美線（豊橋鉄道）
愛知	陸軍病院前	？	病院前	名古屋鉄道渥美線（豊橋鉄道）
愛知	聯隊前	1941	二十軒家	名古屋鉄道瀬戸線
岐阜	一聯隊前	1938	各務原運動場前	名古屋鉄道各務原線
岐阜	飛行団前	1938	六軒	名古屋鉄道各務原線
岐阜	航空廠前	1938	三柿野	名古屋鉄道各務原線
岐阜	二聯隊前	1938	名電各務原	名古屋鉄道各務原線
岐阜	兵営前	1941	北一色	名古屋鉄道美濃町線
和歌山	憲兵隊前	1940	真砂町	和歌山電気軌道（南海）
和歌山	兵営前	1940	小松原通五丁目	和歌山電気軌道（南海）
滋賀	飛行場	1940頃	御園	八日市鉄道（近江鉄道）
滋賀	兵営前	1940	別所	京阪石山坂本線
京都	師団前	1941	藤森	京阪電気鉄道本線
兵庫	日鉄前（仮）	1941	広畑	山陽電鉄網干線
広島	航空隊前	1940	（不詳）	芸南電気軌道（呉市電）
愛媛	練兵場前	1942以前	護国神社前	伊予鉄道城北線
高知	営所前	1940頃	朝倉	高知鉄道軌道線（土佐電鉄）
福岡	陸軍病院前	1940頃	北方本町	九州電気軌道北方線（西鉄）
大分	聯隊前	1940頃	王子町	別府大分電鉄（大分交通）
鹿児島	伊敷兵営前	1940頃	伊敷	鹿児島市電

※「駅名」には停留場名を含み、その後さらに改称されたもの、廃止されたものも含む。路線名のカッコ内はその後身（必ずしも最新ではない）。

表10 「時局」への対応で改称したと思われる駅

駅名	改称年	新駅名	路線
谷津遊園	1939	谷津海岸	京成電気軌道本線
浜海岸	1942	帝大工学部前	京成電気軌道千葉線
川上温泉	1944	南京極	胆振線
キリンビール前	1944	キリン	東急湘南線（京急）
綱島温泉	1944	綱島	東急東横線
二子読売園	1944	二子玉川	東急大井町線
鶴巻温泉	1944	鶴巻	東急小田原線（小田急）
楽々園	1944	三田村	青梅電気鉄道（JR青梅線）
荒川遊園地前	1939	尾久町六丁目	王子電気軌道（東京市電）
遊園前	1944	狐ヶ崎	静岡鉄道
千里山遊園	1943	千里山厚生園	阪急千里線
テニスコート前	1934-40	甲子園八番町	阪神甲子園線
鈴蘭ダンスホール前	1942	小部西口	三木電気鉄道
広野ゴルフ場前	1942	広野新開	三木電気鉄道

会社名	改称年	改称社名
花巻温泉電気鉄道	1941	花巻電気鉄道
上田温泉電軌	1939	上田電鉄

表11　アイヌ語由来駅名の「和風」改称例（1940～59年）

駅名	読み	改称日	新駅名	読み	路線
敷生	しきふ	1942. 4. 1	竹浦	たけうら	室蘭本線
知床	しれとこ	1942. 4. 1	萩野	はぎの	室蘭本線
下頃部	したころべ	1942. 4. 1	新吉野	しんよしの	根室本線
辺別	べべつ	1942.10. 1	西神楽	にしかぐら	富良野線
ニナルカ	になるか	1943. 8. 1	静川	しずかわ	富内線
上鵡川	かみむかわ	1943. 8. 1	豊城	とよしろ	富内線
萠別	もえべつ	1943. 8. 1	春日	かすが	富内線
生鼈	いくべつ	1943. 8. 1	旭岡	あさひおか	富内線
似湾	にわん	1943. 8. 1	栄	さかえ	富内線
杵臼	きなうす	1943. 8. 1	豊田	とよた	富内線
辺富内	へとない	1943. 8. 1	富内	とみうち	富内線
幌内太	ほろないぶと	1944. 4. 1	三笠	みかさ	幌内線
沙瑠太	さるふと	1944. 4. 1	富川	とみかわ	日高本線
波恵	はえ	1944. 4. 1	豊郷	とよさと	日高本線
慶能舞	けのまい	1944. 4. 1	清畠	きよはた	日高本線
幸震	こうしん	1944. 4. 1	大正	たいしょう	広尾線
奔茂尻	ぽんもしり	1946. 5. 1	滝里	たきさと	根室本線
清真布	きよまっぷ	1949. 9. 1	栗沢	くりさわ	室蘭本線
淕別	りくんべつ	1949.11.20	陸別	りくべつ	網走本線（池北線）
錦多峰	にしたっぷ	1950. 9.10	錦岡	にしきおか	室蘭本線
美深	ぴうか	1951. 7.14	美深	びふか	宗谷本線
初茶志内	はっちゃしない	1951. 7.20	天塩弥生	てしおやよい	深名線
誉平	ぽんぴら	1951. 7.20	天塩中川	てしおなかがわ	宗谷本線
宇戸内	うとない	1951. 7.20	歌内	うたない	宗谷本線
奔無加	ぽんむか	1951. 7.20	金華	かねはな	石北線
黄金蘂	おこんしべ	1952.11.15	黄金	こがね	室蘭本線
徳舜瞥	とくしゅんべつ	1952.11.15	新大滝	しんおおたき	胆振線
古樋	ふるとい	1952.11.15	浜小清水	はまこしみず	釧網本線
伏古	ふしこ	1954.11.10	西帯広	にしおびひろ	根室本線
上札鶴	かみさっつる	1956. 4. 3	緑	みどり	釧網本線
上斜里	かみしゃり	1956. 4. 3	清里町	きよさとちょう	釧網本線
長流	おさる	1959.10. 1	長和	ながわ	室蘭本線
上長流	かみおさる	1959.10. 1	上長和	かみながわ	胆振線

表12　大正９年に「和風改称」された台湾の駅

旧駅名	読み	新駅名	読み	現在の駅名
水返脚	すいへんきゃく	汐止	しおどめ	汐止
錫口	しゃくこう	松山	まつやま	松山
艋舺	まんか	万華	まんか	万華
枋橋	ばんきょう	板橋	いたばし	板橋
山仔脚	さんしきゃく	山子脚	さんしきゃく	**山佳**
鶯歌石	おうかせき	鶯歌	おうか	鶯歌
桃仔園	とうしえん	桃園	とうえん	桃園
崁仔脚	かんしきゃく	崁子脚	かんしきゃく	**内壢**
安平鎮	あんぺいちん	平鎮	へいちん	平鎮
楊梅壢	ようばいれき	楊梅	ようばい	楊梅
大湖口	たいここう	湖口	ここう	湖口
紅毛田	こうもうでん	紅毛	こうもう	**竹北**
中港	ちゅうこう	竹南	ちくなん	竹南
後壠	こうろう	後龍	こうりゅう	後龍
銅鑼湾	どうらわん	銅鑼	どうら	銅鑼
三叉河	さんさほ	三叉	さんさ	**三義**
大安渓	だいあんけい	大安	だいあん	**泰安**（旧駅）
后里庄	こうりしょう	后里	こうり	后里
葫蘆墩	ころとん	豊原	とよはら	豊原
潭子墘	たんしけん	潭子	たんし	潭子
大肚	だいと	王田	おうでん	**成功**
茄苳脚	かとうきゃく	花壇	かだん	花壇
田中央	でんちゅうおう	田中	たなか	田中
他里霧	たりむ	斗南	となん	斗南
打猫	だびょう	民雄	たみお	民雄
水堀頭	すいくつとう	水上	みずかみ	水上
湾裡	わんり	善化	ぜんか	善化
中洲庄	ちゅうしゅうしょう	中洲	ちゅうしゅう	中洲
半路竹	はんろちく	路竹	ろちく	路竹
阿公店	あこうてん	岡山	おかやま	岡山
楠仔坑	なんしこう	楠梓	なんし	楠梓
打狗	たかお	高雄	たかお	**高雄港**

※大正９年（1920）10月１日に一斉改称された駅のうち縦貫線（基隆～台北～高雄）の駅名を掲載した（一部省略）。高雄駅は昭和16年（1941）に現在地へ移転した際に旧駅を高雄港と改称。現在の駅は2020年２月現在で、太字は大正９年の後に改称されたもの。

表13　住宅地系の新駅名（開業順）

県	駅名	種別	開業年	路線
兵庫	雲雀丘花屋敷（雲雀ヶ丘）	丘	1916	阪急宝塚線
兵庫	甲東園	園	1922	阪急今津線
兵庫	甲陽園	園	1924	阪急甲陽線
兵庫	苦楽園口	園	1925	阪急甲陽線
東京	田園調布		1926	東急東横線・目黒線
香川	挿頭丘	丘	1926	高松琴平電鉄琴平線
東京	石川台	台	1928	東急池上線
東京	自由が丘（自由ヶ丘）	丘	1929	東急東横線・大井町線
神奈川	東林間（東林間都市）		1929	小田急江ノ島線
神奈川	中央林間（中央林間都市）		1929	小田急江ノ島線ほか
神奈川	南林間（南林間都市）		1929	小田急江ノ島線
東京	尾山台	台	1930	東急大井町線
大阪	美章園	園	1931	JR阪和線
兵庫	鈴蘭台	台	1932	神戸電鉄有馬線・粟生線
埼玉	狭山ヶ丘	丘	1933	西武池袋線
東京	緑が丘（緑ヶ丘）	丘	1933	東急大井町線
東京	富士見ヶ丘	丘	1933	京王井の頭線
東京	三鷹台	台	1933	京王井の頭線
東京	富士見台	台	1933	西武池袋線
東京	梅ヶ丘	丘	1934	小田急小田原線
兵庫	山の街		1935	神戸電鉄有馬線
東京	桜台	台	1936	西武池袋線
東京	聖蹟桜ヶ丘	丘	1937	京王電鉄京王線
兵庫	武庫之荘		1937	阪急神戸本線
大阪	香里園	園	1938	京阪本線
大阪	千里丘	丘	1938	JR東海道本線
大阪	星ヶ丘	丘	1938	京阪交野線
大阪	鶴ケ丘	丘	1938	JR阪和線
東京	鷹の台	台	1948	西武国分寺線
神奈川	希望ヶ丘	丘	1948	相鉄本線
東京	ときわ台	台	1951	東武東上線
東京	旗の台	台	1951	東急大井町線・池上線

※カッコ内は開業当初の駅名。「開業年」は新駅名への「改称年」も含む。

表13－2

県	駅名	種別	開業年	路線
神奈川	桜ヶ丘	丘	1952	小田急江ノ島線
愛知	巽ヶ丘	丘	1955	名鉄河和線
千葉	八千代台	台	1956	京成本線
東京	つつじヶ丘	丘	1957	京王電鉄京王線
千葉	江戸川台	台	1958	東武野田線
兵庫	緑が丘	丘	1958	神戸電鉄粟生線
東京	ひばりヶ丘	丘	1959	西武池袋線
東京	武蔵野台	台	1959	京王電鉄京王線
愛知	向ヶ丘	丘	1959	豊橋鉄道渥美線
神奈川	百合ヶ丘	丘	1960	小田急小田原線
静岡	御門台	台	1961	静岡鉄道
兵庫	鈴蘭台西口	台	1962	神戸電鉄粟生線
三重	五十鈴ケ丘	丘	1963	JR参宮線
三重	桔梗が丘	丘	1964	近鉄大阪線
兵庫	霞ヶ丘	丘	1964	山陽電鉄本線
神奈川	宮崎台	台	1966	東急田園調布線
神奈川	宮前平		1966	東急田園都市線
神奈川	たまプラーザ		1966	東急田園都市線
神奈川	藤が丘	丘	1966	東急田園調布線
神奈川	青葉台	台	1966	東急田園都市線
神奈川	湘南台	台	1966	小田急江ノ島線ほか
兵庫	唐櫃台	台	1966	神戸電鉄有馬線
埼玉	せんげん台	台	1967	東武伊勢崎線
東京	めじろ台	台	1967	京王高尾線
愛知	星ヶ丘	丘	1967	名古屋市営地下鉄東山線
千葉	七光台	台	1968	東武野田線
千葉	勝田台	台	1968	京成本線
東京	つくし野	野	1968	東急田園調布線
大阪	ときわ台	台	1968	能勢電鉄
東京	高島平		1969	都営地下鉄三田線
愛知	藤が丘	丘	1969	名古屋市営地下鉄東山線ほか
神奈川	洋光台	台	1970	JR根岸線
大阪	桃山台	台	1970	北大阪急行

表13－3

県	駅名	種別	開業年	路線
兵庫	北鈴蘭台	台	1970	神戸電鉄有馬線
兵庫	西鈴蘭台	台	1970	神戸電鉄粟生線
千葉	天王台	台	1971	JR常磐線
千葉	みどり台	台	1971	京成千葉線
愛知	やぐま台	台	1971	豊橋鉄道渥美線
大阪	泉ヶ丘	丘	1971	泉北高速鉄道
福岡	桜台	台	1971	西鉄天神大牟田線
東京	すずかけ台	台	1972	東急田園都市線
神奈川	港南台	台	1973	JR根岸線
神奈川	本郷台	台	1973	JR根岸線
埼玉	朝霞台	台	1974	東武東上線
千葉	平和台	台	1974	流鉄流山線
東京	京王多摩センター		1974	京王相模原線
神奈川	新百合ヶ丘	丘	1974	小田急小田原線・多摩線
神奈川	五月台	台	1974	小田急多摩線
神奈川	若葉台	台	1974	京王相模原線
東京	小田急多摩センター		1975	小田急多摩線
神奈川	さがみ野	野	1975	相鉄本線
神奈川	かしわ台	台	1975	相鉄本線
千葉	光風台	台	1976	小湊鐵道
東京	新高島平		1976	都営地下鉄三田線
東京	西高島平		1976	都営地下鉄三田線
神奈川	つきみ野	野	1976	東急田園都市線
神奈川	緑園都市		1976	相鉄いずみ野線
神奈川	弥生台	台	1976	相鉄いずみ野線
神奈川	いずみ野	野	1976	相鉄いずみ野線
埼玉	みずほ台	台	1977	東武東上線
神奈川	あざみ野	野	1977	東急田園都市線ほか
大阪	光風台	台	1978	能勢電鉄
愛知	三好ヶ丘	丘	1979	名鉄豊田線
奈良	萩の台	台	1980	近鉄生駒線
和歌山	林間田園都市		1981	南海高野線
北海道	ひばりが丘	丘	1982	札幌市営地下鉄東西線

表13－4

県	駅名	種別	開業年	路線
北海道	恵み野	野	1982	JR千歳線
千葉	ユーカリが丘	丘	1982	京成本線ほか
神奈川	能見台	台	1982	京急本線
東京	新桜台	台	1983	西武有楽町線
東京	氷川台	台	1983	東京メトロ有楽町線
東京	平和台	台	1983	東京メトロ有楽町線
千葉	千葉ニュータウン中央		1984	北総鉄道
大阪	美加の台	台	1984	南海高野線
福岡	企救丘	丘	1985	北九州モノレール
北海道	愛し野	野	1986	JR石北本線
北海道	柏林台	台	1986	JR根室本線
北海道	百合が原		1986	JR札沼線
埼玉	杉戸高野台	台	1986	東武日光線
愛媛	光洋台	台	1986	JR予讃線
宮城	旭ヶ丘	丘	1987	仙台市営地下鉄南北線
千葉	みつわ台	台	1988	千葉都市モノレール
千葉	小倉台	台	1988	千葉都市モノレール
千葉	千城台北	台	1988	千葉都市モノレール
千葉	千城台	台	1988	千葉都市モノレール
京都	荒河かしの木台	台	1988	京都丹後鉄道
島根	朝日ヶ丘	丘	1988	一畑電車
宮崎	旭ケ丘	丘	1988	JR日豊本線
三重	南が丘	丘	1989	近鉄名古屋線
神奈川	いずみ中央		1990	相鉄いずみ野線
佐賀	けやき台	台	1990	JR鹿児島本線
東京	光が丘	丘	1991	都営地下鉄大江戸線
新潟	さつき野	野	1991	JR信越本線
千葉	大森台	台	1992	京成千原線
福岡	三国が丘	丘	1992	西鉄天神大牟田線
埼玉	ふじみ野	野	1993	東武東上線
神奈川	センター北		1993	横浜市営地下鉄BL・GL
神奈川	センター南		1993	横浜市営地下鉄BL・GL
神奈川	仲町台	台	1993	横浜市営地下鉄BL

表13－5

県	駅名	種別	開業年	路線
東京	練馬高野台	台	1994	西武池袋線
京都	木津川台	台	1994	近鉄京都線
広島	毘沙門台	台	1994	アストラムライン
北海道	ほしみ		1995	JR函館本線
千葉	おゆみ野	野	1995	京成千原線
千葉	ちはら台	台	1995	京成千原線
福岡	美咲が丘	丘	1995	JR筑肥線
北海道	緑が丘	丘	1996	JR富良野線
千葉	八千代緑が丘	丘	1996	東葉高速鉄道
千葉	東葉勝田台	台	1996	東葉高速鉄道
東京	八王子みなみ野	野	1997	JR横浜線
茨城	ひたち野うしく	野	1998	JR常磐線
東京	上北台	台	1998	多摩都市モノレール
香川	オレンジタウン		1998	JR高徳線
神奈川	ゆめが丘	丘	1999	相鉄いずみ野線
東京	多摩センター		2000	多摩都市モノレール
東京	白糸台	台	2001	西武多摩川線
愛知	自由ヶ丘	丘	2003	名古屋市営地下鉄名城線
神奈川	はるひ野	野	2004	小田急多摩線
茨城	みどりの	野	2005	つくばエクスプレス
茨城	みらい平		2005	つくばエクスプレス
千葉	流山おおたかの森		2005	つくばエクスプレスほか
新潟	内野西が丘	丘	2005	JR越後線
奈良	学研奈良登美ヶ丘	丘	2006	近鉄けいはんな線
奈良	白庭台	台	2006	近鉄けいはんな線
熊本	光の森		2006	JR豊肥本線
埼玉	越谷レイクタウン		2008	JR武蔵野線
千葉	城見ヶ丘	丘	2008	いすみ鉄道
神奈川	都筑ふれあいの丘	丘	2008	横浜市営地下鉄GL
茨城	ゆめみ野	野	2011	関東鉄道常総線
宮城	石巻あゆみ野	野	2016	JR仙石線

※忍ヶ丘・三国ヶ丘・相武台前・松飛台・二和向台・薬園台・みのり台は「住宅地系」の新地名でない、もしくは歴史的地名であるため除外した。

	所在地の行政区分
	チューリヒ市第 1 区旧市街（アルトシュタット）
	チューリヒ市第 3 区アルト・ヴィーディコン地区
	チューリヒ市第 2 区エンゲ地区
	チューリヒ市第 2 区ヴォリスホーフェン地区
	ホルゲン Horgen 郡キルヒベルク町
	ホルゲン郡リュシュリコン町
	ホルゲン郡タールヴィル町
	ホルゲン郡オーバリーデン町
	ホルゲン郡ホルゲン町
	ホルゲン郡ヴェーデンスヴィル町
	ホルゲン郡ヴェーデンスヴィル町
	ホルゲン郡リヒタースヴィル町
	ヘーフェ Höfe 郡ヴォララウ Wollerau 町
	ヘーフェ郡フライエンバッハ町
	ヘーフェ郡フライエンバッハ町
	マルホ March 郡アルテンドルフ町
	マルホ郡ラーヘン町
	マルホ郡シープネン町またはヴァンゲン町
	マルホ郡シューベルバッハ町
	マルホ郡ライヒェンブルク町
	(所属郡なし) グラールス・ノルト Glarus Nord 町
	ゼー＝ガスター See-Gaster 郡シェーニス Schänis 町
	(所属郡なし) グラールス・ノルト町
	(所属郡なし) グラールス・ノルト町

表14　スイス国鉄チューリヒ湖左岸線 Linksufrige Zürichseebahn の駅

駅名	カタカナ	性格	州
Zürich Hauptbahnhof	チューリヒ中央駅	中央駅	ZH
Zürich Wiedikon	チューリヒ・ヴィーディコン	市名＋地区名	ZH
Zürich Enge	チューリヒ・エンゲ	市名＋地区名	ZH
Zürich Wollishofen	チューリヒ・ヴォリスホーフェン	市名＋地区名	ZH
Kilchberg	キルヒベルク	自治体名	ZH
Rüschlikon	リュシュリコン	自治体名	ZH
Thalwil	タールヴィル	自治体名	ZH
Oberrieden	オーバリーデン	自治体名	ZH
Horgen	ホルゲン	自治体名	ZH
Au ZH	アウ（チューリヒ州）	地区名	ZH
Wädenswil	ヴェーデンスヴィル	自治体名	ZH
Richterswil	リヒタースヴィル	自治体名	ZH
Bäch SZ	ベヒ（シュヴィーツ州）	地区名	SZ
Freienbach SBB	フライエンバッハ（国鉄）	自治体名	SZ
Pfäffikon SZ	プフェフィコン（シュヴィーツ州）	地区名	SZ
Altendorf	アルテンドルフ	自治体名	SZ
Lachen	ラーヘン	自治体名	SZ
Siebnen-Wangen	シーブネン＝ヴァンゲン	2地区名	SZ
Schübelbach-Buttikon	シューベルバッハ＝ブティコン	自治体＋地区名	SZ
Reichenburg	ライヒェンブルク	自治体名	SZ
Bilten	ビルテン	旧自治体名	GL
Ziegelbrücke	ツィーゲルブリュッケ	地区名	SG
Nieder- und Oberurnen	ニーダー＆オーバーウルネン	旧2自治体名	GL
Näfels-Mollis	ネーフェルス＝モリス	旧2自治体名	GL

※駅名は『Eisenbahnatlas Schweiz』（スイス鉄道地図帳2012年版、Schweers ＋ Wall発行）およびウィキペディア・ドイツ語版を参照した。行政区画の訳語についてはBezirk または Wahlkreis を郡、Stadt を市、Gemeinde を町とした。州の略称は ZH＝チューリヒ州、SZ＝シュヴィーツ州、GL＝グラールス州、SG＝サンクトガレン州。

表15　ドイツ・カールスルーエ市電　1系統の停留場名

	停留場名	日本語	種別
1	Oberreut Badeniaplatz	オーバーロイト バーデニア広場	広場
2	Oberreut Wilhelm-Leuschner-Str.	オーバーロイト ヴィルヘルム＝ロイシュナー通り	通り
3	Oberreut Zentrum	オーバーロイト・センター	施設
4	Oberreut Albert-Braun-Str.	オーバーロイト アルバート＝ブラウン通り	通り
5	Hardecksiedlung	ハルデック住宅	住宅地
6	Bannwaldallee	バンヴァルト通り	通り
7	Europahalle / Europabad	欧州ホール／欧州温泉	施設
8	Landesbausparkasse	州住宅貯蓄銀行	銀行
9	Weinbrennerplatz	ヴァインブレナー広場	広場
10	Sophienstr.	ソフィア通り	通り
11	Schillerstr.	シラー通り	通り
12	Mühlburger Tor	ミュールブルク門	門
13	Europaplatz / Postgalerie	欧州広場／ポストギャラリー	広場・商業施設
14	Herrenstr.	領主通り	通り
15	Marktplatz	市場広場	広場
16	Kronenplatz	王冠広場	広場
17	Durlacher Tor / KIT-Campus Süd	ドゥアラッハ門／カールスルーエ工科大学南キャンパス	門・大学
18	Gottesauer Platz / BGV	ゴッテスアウ広場／バーデン保険会社	広場・会社
19	Tullastr. / VBK	トゥラ通り／カールスルーエ交通局	通り・機関
20	Weinweg	ワイン通り	通り
21	Untermühlstr.	ウンターミュール通り	通り
22	Durlach Auer Str. / Dr. Willmar Schwabe	ドゥアラッハ アウ通り／ドクター・シュヴァーベ医薬品会社	通り・会社
23	Durlach Friedrichschule	ドゥアラッハ フリードリヒ実科学校	学校
24	Durlach Schlossplatz	ドゥアラッハ 城広場	広場
25	Durlach Turmberg	ドゥアラッハ 塔ノ山	山
26	Durlach Karl-Weysser-Str.	ドゥアラッハ カール・ヴァイサー通り	通り

※１系統はカールスルーエ旧市街の南西に位置するオーバーロイトからカールスルーエ旧市街を東へ進んで旧王宮の所在地ドゥアラッハを結ぶ市内系統。会社・機関等の日本名は引用者による仮訳。25・26番の停留場はループ線上にあるため、電車は24→25→26→24の順に進行して折り返す。

ラクレとは…la clef=フランス語で「鍵」の意味です。
情報が氾濫するいま、時代を読み解き指針を示す
「知識の鍵」を提供します。

中公新書ラクレ
682

駅《えき》名《めい》学《がく》入《にゅう》門《もん》

2020年3月10日発行

著者……今《いま》尾《お》恵《けい》介《すけ》

発行者……松田陽三
発行所……中央公論新社
〒100-8152 東京都千代田区大手町1-7-1
電話……販売 03-5299-1730　編集 03-5299-1870
URL http://www.chuko.co.jp/

本文印刷……三晃印刷
カバー印刷……大熊整美堂
製本……小泉製本

Published by CHUOKORON-SHINSHA, INC.
Printed in Japan　ISBN978-4-12-150682-5　C1225

中公新書ラクレ　好評既刊

L228
美しい都市・醜い都市
――現代景観論

五十嵐太郎 著

日本橋上の首都高移設が検討されたり、景観法が制定されるなど、「美しい国」をつくる動きが強まっている。しかし、計画的で新しい街並みが「美」で、雑然として古い街並みが「醜」とは言いきれないであろう。本書は新世代の論客が、秋葉原・渋谷・ソウル・幕張・筑波・上海・ディズニーランド等々を事例とし、さらに平壌への取材旅行から映画・アニメ作品中の未来都市像に至るまで、縦横無尽に「美」とは何かを検証する。写真多数収載。

L542
23区格差

池田利道 著

一人勝ちとも揶揄される東京都。そのパワーの源は「格差」にあった！　少子化せず、区によっては高齢化も進まない理由とは何か。子育てしやすい区、暮らしやすい区、安心・安全な区、学歴・年収・職業の高い区はどこか。そして山の手ブランドに迫りつつある危機とは？23区がうねり、力強く成長を続ける、その理由を東京23区研究所所長がデータで解析。成長のヒントはここに隠れている！　区別通信簿付き。

L562
酒場天国イギリス
――英国文化を味わい尽くす

小坂　剛 著

酒場から英国の光と陰を照らし出す。エール、シングルモルトといった酒文化の蘊蓄から、ロック、ミステリーなど「大人の趣味」までを肴に、パブやバーで、ピーター・バラカン、『レモン・ハート』の古谷三敏ら「通」たちのとっておきの話を聞く。世界一ぜいたくな「酒都」めぐり。他に、坂次健司（シティー公認ガイド）、土屋守（ウイスキー文化研究所代表）、鶴岡真弓（ケルト芸術文化研究者）の各氏らが登場。

L570

不動産屋にだまされるな

――「家あまり」時代の売買戦略

山田寛英 著

「人生最大の買い物」といわれる家（不動産）。その売買でこれまでの常識が通用しなくなりつつある。変化を捉え、新しい知識を得よ、と主張するのが、会計事務所所長・山田氏。氏は従来の不動産取引は業界が潤うために制度が作られ、消費者の利益を損なうことを厭わない商売だという。そこで「バイブルはピケティ」といった新しい考え方や、最新の税や控除の賢い使い方などを指南。不動産屋にも国にも、誰にもだまされたくないならこれを読め！

L571

洋食ウキウキ

今 柊二 著

オムライス、エビフライ、ナポリタン、カニクリームコロッケ……みんな大好き、日本が誇る洋食屋さん約100店を紹介。ルーツをさかのぼって老舗ホテル、軍港の横須賀、呉、産業都市の苫小牧。はたまた懐かしのデパート食堂、普段遣いのファミレス、がっつり学生街。カフェ飯など洋食の未来形についても探訪しており、この一冊でウンチクが身につく。ご存じ「定食評論家」が津々浦々で食べ歩く！

L572

里地里山エネルギー

――自立分散への挑戦

河野博子 著

風力、太陽光、小水力など自然資源を使った「小さいエネルギー」。この電力で地域内の暮らしをまかなう試みの最前線に迫る。宮城県東松島市、山形県庄内町、鹿児島県甑島、岩手県紫波町、富山県五箇山・宇奈月温泉を事例に、「地産地消」「地方創生」は本当に可能かどうか、その夢と現実を徹底検証。著者は環境問題を長年取材してきたベテラン記者で、これまでの流れと最新状況がよくわかる。

L582

カラー版 東京いい道、しぶい道

泉 麻人 著

散歩をしていると、大通りから古い道が枝分かれするようなポイントに出くわすことがある。道幅はちょっと狭くて、ひなびた商店が奥の方に何軒か見える。散歩愛好家というのは気まぐれに、だいたい裏道、くねくね道に足を踏み入れてしまうものだ。ここで名づけた「いい道、しぶい道」とはそんな道。街歩きブームの先駆者が、時代の変化を独自のアンテナで捉えながら、東京に散在する、歩きがいのある道を地図と写真をまじえながらガイドする。

L614

奇跡の四国遍路

黛 まどか 著

二〇一七年四月初旬、俳人の黛まどかさんは、総行程一四〇〇キロに及ぶ四国八十八か所巡礼に旅立った。全札所を徒歩で回る「歩き遍路」である。美しくも厳しい四国の山野を、施しを受け、ぼろ切れのようになりながら歩き継ぐ。倒れ込むようにして到着した宿では、懸命に日記を付け、俳句を作った。次々と訪れる不思議な出来事や奇跡的な出会い。お遍路の果てに黛さんがつかんだものとは。情報学者・西垣通氏との白熱の巡礼問答を収載。

L636

不動産投資にだまされるな
――「テクニック」から「本質」の時代へ

山田寛英 著

ハードルが下がり続ける不動産投資。しかし不動産に特化した会計事務所を手がける著者は「安易に手を出す風潮は危うい」と警鐘を鳴らす一方、「富裕層の多くが不動産投資を学んでいるのは事実で、もっと多くの人がその本質を知るべき」とも主張する。不動産投資家となれば、それは弱肉強食の世界で生きることを意味し、だまされたら負け。それでも実在する生き残る術とは一体？　これでもう業者にも小手先のテクニックにも「だまされない」！

L643

街間格差
――オリンピック後に輝く街、くすむ街

牧野知弘 著

「家を買うなら五輪後」とまことしやかに語られる東京23区。しかしこの瞬間、大きな変化はすでに起こっていた！　不動産事情に詳しい著者曰く、「働き方改革」に象徴されるライフスタイルの変化に伴い、住まい探しの絶対的価値基準「沿線ブランド」「都心まで〇分」が崩壊。各街の〝拠点化〟が進んだ先に新たな格差が露呈し始めたという。湾岸タワマン、団地、観光地――。東京で暮らすなら、足元に迫る「街間格差」に今すぐ備えよ！

L650

観光亡国論

アレックス・カー＋清野由美 著

右肩上がりで増加する訪日外国人観光客。京都を初めとする観光地へキャパシティを超えた観光客が殺到したことで、交通や景観、住民環境などで多くのトラブルが生まれた状況を前に、東洋文化研究家のアレックス・カー氏は「かつての工業公害と同じ」と主張する。本書はその指摘を起点に世界の事例を盛り込み、ジャーナリスト・清野氏とともに建設的な施策を検討していく一冊。真の観光立国となるべく、目の前の観光公害を乗り越えよ！